일본어 통번역 기초

천호재

계명대학교 인문국제대학 일본어문학과 부교수
일본 東北大学大学院 문학연구과 언어학전공 문학박사학위(ph. D)를 취득
한국일어일문학회, 대한일어일문학회, 일본어교육학회 편집이사

일본어 통번역 기초

초판 1쇄 발행 2017년 2월 28일
초판 2쇄 발행 2019년 9월 26일

지은이	천호재
펴낸이	이대현
책임편집	백초혜
편집	이태곤, 권분옥, 홍혜정, 박윤정, 문선희
디자인	안혜진, 최선주
마케팅	박태훈, 안현진

펴낸곳	도서출판 역락
출판등록	1999년 4월 19일 제303-2002-000014호
주소	서울시 서초구 동광로46길 6-6 문창빌딩 2층(우06589)
전화	02-3409-2060(편집부), 2058(영업부)
팩스	02-3409-2059
홈페이지	http://www.youkrackbooks.com
e-mail	youkrack@hanmail.net

ISBN 979-11-5686-893-4 93700

일본어 통번역 기초

천호재

역락

머리말

본서는 2부로 구성되어 있습니다. 제1부에서는 일본어 통번역의 기초지식을 제시하였으며, 제2부에서는 일본문학 작품(해외문학 작품)을 선정하여, 제1부의 통번역 기초 지식을 활용하여 통번역 연습을 할 수 있도록 하였습니다. 통번역 연습이라고는 하지만, 본서에서 제시하는 방식으로 학습한다면 듣기, 말하기, 읽기, 쓰기 등의 다양한 스킬도 배양할 수 있으리라 필자는 확신합니다.

일본문학(해외문학) 작품을 선정한 데에는 두 가지 이유가 있습니다. 하나는 독자들이 흥미를 가지고 통번역 연습을 지속적으로 하도록 하기 위해서입니다. 무미건조한 내용으로는 통번역 연습을 지속하기가 어렵습니다. 다른 하나는 독자들로 하여금 일본문학(해외문학)의 매력을 느끼도록 하기 위해서 입니다. 본서에서 제시한 13편 중에서 12편은 원문을 압축(각색)한 것입니다. 머지않아 실제 원문을 읽게 되면, 일본어 독해 학습에 크게 도움이 될 것으로 확신합니다. 문학작품을 통해 작품 속에 들어 있는 인간 본질의 심오함을 체험하고 그 결과, 독자들의 지적 지평선이 확장되기를 진심으로 기원합니다.

제2부에 제시한 13편의 작품 가운데 12편은 きくドラ |〜ラジオドラマ で聴く名作文学〜 사이트(kikudorabungak.main.jp)에서 제공하는 일본 성우들의 음성을 녹취한 것입니다. 12편은 원문을 10분~15분으로 각색 한 것인데, 출간에 있어 저작권이 염려되어 당 사이트의 운영자에게 문 의한 결과, 흔쾌히 교재로 사용해도 좋다는 승낙을 받았습니다(13과의 蜘蛛の糸(芥川龍之介)는 승인을 받지않았으나, 1918년도에 출간된 작품으 로, 이미 70년이 경과하였기 때문에 저작권이 소멸되었습니다.). 기꺼이 승낙 을 해주신 きくドラ 대표의 긴파라 다카후미(金原隆史) 씨에게 심심한 감사의 말씀을 전하는 바입니다. 본서를 학습하는 독자들은 위의 사이 트에서 제공하는 MP3 파일을 다운로드하거나 유튜브를 통해서 12편 의 작품을 원하는 대로 청취할 수 있습니다.

　본 교재는 필자가 지난 4학기 동안 여러 시행착오를 거치면서 탄생 한 것 입니다. 따라서 본 교재를 활용하면 누구라도 손쉽게 통번역 능 력을 기를 수 있을 것이라 확신하고 있습니다. 이러한 본서의 가치가 세 상에 빛을 발할 수 있었던 것은 전적으로 도서출판 역락의 이대현 사 장님과 박태훈 이사님 덕분입니다. 그리고 원고의 정리에서 편집에 이 르기까지 많은 수고를 해주신 고나희 팀장님, 책표지 디자인 작업을 정 성껏 해주신 최기윤 대리님께 진심으로 감사를 드리는 바입니다.

2017. 01 천호재

차 례

머리말 _4

제1부 일본어 통번역의 기초지식 _8

제2부 일본어 통번역의 연습 _29

Unit 1 銀河鉄道の夜(1934, 死後発表) _29

Unit 2 注文の多い料理店(1924) _46

Unit 3 走れメロス(1940) _63

Unit 4 赤毛のアン(1908) _87

Unit 5 少女地獄(1934年) _110

Unit 6 それから(1909) _133

Unit 7 こころ(1914) _155

Unit 8 風立ちぬ(1936~1938) _177

Unit 9 初恋(1860) _192

Unit 10 舞姫(1890) _214

Unit 11 恩讐の彼方に(1919) _230

Unit 12 杜子春(1920) _251

Unit 13 蜘蛛の糸(1918) _278

제1부
일본어 통번역의 기초지식

일본어를 번역하고 통역하기 위해서 통번역에 관련된 몇 가지 기초 지식에 대해 알아 둘 필요가 있습니다. 제1부에서는 우선 일본어 통역과 번역의 정의, 통역과 번역의 차이, 번역의 기초 지식, 통역의 기초지식에 대해 살펴보도록 하겠습니다.

1. 통역과 번역의 정의

일본어를 통역하고 번역한다는 말은 무슨 뜻일까요? 결론을 말하면 그것은 일본어를 모르는 사람들(청자, 독자)에게 일본의 정치, 경제, 사회, 문화에 관련된 일본어를 한국어로 전달하는 것이라고 할 수 있을 것입니다. 통역과 번역의 공통점은 양자가 결국 일본사람들과 한국사람들의 의사소통을 돕는다는 점에 있을 것입니다.

하지만 그렇다고 해서 통역과 번역이 마냥 공통점을 지니는 것으로 생각해서는 안 됩니다. 먼저 통역과 번역은 제각기 다른 언어 스타일을 사용한다는 점에서 차이가 납니다. 통역은 일본사람들의 구두 언어를 한국어로 옮김으로써 일본사람들과 한국사람들의 의사소통을 돕는 행위라고 할 수 있습니다. 반면에 번역은 일본사람들이 작성한 문자언어를 한국어 문자로 옮겨 적어 한국사람들에게 전달하는 행위입니다.

둘째, 통역은 일반적으로 말하는 이와 통역자가 현장에서 함께 하면서 행해지는 반면에, 번역은 그렇지 않습니다.

마지막으로 통역은 현장에서 일반적으로 민첩하고 유연하게 행해지는 행위인 반면에, 번역은 자구 하나하나의 뜻이 훼손되지 않게 정성을 기울이며 행해지는 행위라고 할 수 있습니다. 그러나 정치, 경제, 과학, 기술, 문화 등의 분야에 따라, 통역이나 번역에 대한 태도가 달라질 수는 있습니다.

2. 번역의 기초 지식

이미 언급한 바와 같이, 번역은 일본어의 문자 언어를 한국어 문자 언어로 변환하여 독자들에게 전달하는 행위입니다. 그런데 여기에서 일본어의 문자 언어를 한국어 문자 언어로 변환하는 행위에 대해 곰곰

이 생각해 볼 필요가 있습니다. 일본어와 한국어는 많은 부분에서 유사한 특징을 지닌다고는 하지만, 다른 특징도 상당히 많은 것이 사실입니다. 예를 들어 〈무리-無理〉〈도시-都市〉〈준비-準備〉의 경우, 일본어 단어와 한국어 단어 발음은 거의 같습니다. 양국에서 쓰는 한자도 같습니다. 이러한 경우에는 별 고민 없이 일본어 단어를 그대로 한국어 문자로 옮겨 적으면 됩니다. 그러나 〈공부-工夫〉와 같이 뜻이 전혀 다른 경우도 있습니다.

한편, 〈문의-問い合わせ〉〈무승부-引き分け〉〈자살골-オウンゴール〉의 경우는 양 언어의 단어 구조나 음형이 다릅니다. 이러한 경우, 번역자가 일본어 단어에 대한 지식을 가지고 있다면 해당 일본어 단어를 한국어 단어로 옮겨 적으면 될 일입니다. 이것은 일본어 문장의 표층적인 이해를 토대로 번역하는 경우에 해당한다고 볼 수 있습니다. 즉, 이것은 일본어 문장에 대응하는 한국어 문장 산출에 그리 복잡한 과정을 거치지 않는다는 것을 의미합니다. 이것을 직역이라고 합니다.

그러나 그렇다고 해서 일본어 문장의 표층적인 이해를 토대로 한 번역이 그리 만만한 것은 아닙니다. 직역의 의미를 이해했다고 해도 어느 정도 일본어 단어는 암기해 두어야 하기 때문이다. 사전을 보지 않고 바로 번역을 하기 위해서는 최소한 정치, 경제, 사회, 문화에 관련된 어휘(단어의 집합)를 10,000개에서 20,000개 정도는 알아 둘 필요가 있습니다. JLPT 1급이나 JPT 900점 이상의 점수를 취득해 두면, 번역을 하는 데 큰 무리가 따르지는 않을 것입니다. 그래도 모르는 단어가 나오면

사전을 찾으면 되므로 그리 걱정할 필요는 없습니다. 그런데 다음과 같은 일본어 기초 지식은 전문적 번역을 지향하는 사람이라면 갖추어 둘 필요가 있습니다.

　우선 〈자살골-オウンゴール〉에서 보는 것처럼 한국어 단어는 혼종어인데, 일본어의 경우는 외래어를 사용합니다. 따라서 번역가를 지망하는 사람은 어종(순수일본어, 한어, 외래어, 혼종어)의 개념을 가지고 일본어 단어와 그것에 대응하는 한국어 단어를 파악해 둘 필요가 있습니다. 둘째, 단어는 1단로켓, 2단로켓, 3단로켓처럼 마디가 다릅니다. 예를 들어 目는 단순어, 英語教育学会는 여러 단어가 결합된 합성어인데, 이에 대응하는 한국어 단어도 알아 둘 필요가 있습니다. 셋째, 접두사(お手紙)와 접미사(先生がた)가 결합한 파생어의 지식도 필요합니다. 넷째, 단어 중에는 하나의 의미만 가진 것도 있으나 영어의 have나 일본어의 取る처럼 많은 의미를 지닌 것, しゃべる- 話す- 語る- 言う와 같이 비슷한 말, 寒い- 暖かい와 같이 반대말 등의 지식도 갖추어 두어야 합니다. 다섯째, 傘をさす와 같이 특정한 단어와 다른 특정한 단어의 관습적인 결합 즉 연어, 腰が重い와 같이 원래의 의미가 사라지고 다른 의미로 고착화된 관용구, 卵の花寿司나 雀寿司와 같이 사물(초밥)을 표현할 때, 초밥명을 다른 사물의 형상이나 특성에 빗대서 명명하는 비유(metaphor)에 대해서도 지식을 갖추어 두어야 합니다. 여섯째, ポカポカ, ヒリヒリ, ニャー와 같은 의성어·의태어, 일곱 번째, 남성들이 쓰는 말(ぼく, ぜ, ぞ), 여성들이 쓰는 말(あたし, のよ, かしら, 이하 예 생략), 아이들, 청년들, 중장년층, 노인들이 쓰

는 말, 특정 직업군에서 사용되는 말, 특정 분야에서 사용되는 전문어, 신어, 유행어, 금기어, 경어, 표준어, 지역어(방언) 등에 대한 지식도 충분히 갖추고 있어야 합니다. 물론 전문적인 번역가가 되기 위해서는 다방면의 지식과 특정 분야의 기본어휘(다양한 분야에서 고르게 사용되는 어휘)나 기초어휘(특정 분야에 종사하기 위해서 필요하다고 생각되는 단어를 임의로 선정한 어휘)를 알아두면 더더욱 좋습니다.

번역을 제대로 하기 위해서는 일본어 문법에 대한 지식도 갖추어야 합니다. 명사(대명사, 일반명사, 고유명사, 수사), 동사(동사 종류, 동사의 활용, 자동사, 타동사), 형용사(い형용사, な형용사의 특징, 활용법), 시제와 상, 태(수동태, 사역태, 가능태, 자발태, 상호태), 수수표현, 서법(모댈리티, 추측 및 판단 표현, 의지, 희망, 결정, 의무, 당위, 허가, 충고, 금지), 격조사, 접속조사, 부조사, 종조사, 조건 및 가정, 부사, 접속사, 연체사, 감동사, 경어 표현(존경, 겸양, 정중 표현) 등에 대한 지식도 필수적으로 가지고 있어야 합니다. 나아가 문자 표기, 언어 4기능(듣기, 말하기, 읽기, 쓰기), 언어생활(문자생활, 표현방식), 일본사정(정치, 경제, 사회, 문화, 관습 등등)에 관련된 지식도 체계적으로 갖추고 있어야 합니다.

그런데 일본어 단어나 문법, 문장을 한국어로 직역하면, 한국어가 매우 어색한 경우가 있습니다. 예를 들면 行きたいと思います를 "가고 싶다고 생각합니다(갔으면 합니다.).", 送ってもらいたいです를 "보내 받고 싶습니다(보내줬으면 합니다.)."로, 送らせていただきます를 "보내게 하여 받고 싶습니다(보냈으면 합니다.)", 一晩中赤ん坊に泣かれた를 "밤새도록

아기에게 울려졌다(아기가 밤새도록 울었다.)."로 직역하면 의미불명의, 혹은 매우 어색한 한국어 문장이 되어 버립니다. 그래서 괄호 안의 한국어로 번역할 필요가 있습니다.

이와 같이 직역이 매우 어색하거나, 혹은 직역에 큰 문제가 없더라도 번역자의 신념, 기호, 독자의 가독성에 따라 원래의 일본어 문장(단어도 포함)을 심층적으로 파고들어 자연스러운 한국어로 번역해야 하는 경우가 있습니다. 이러한 번역 방식을 의역이라고 합니다.

일본어는 한국어에 비해 교착성이 강한 편입니다. 따라서 교착성이 강한 일본어를 정직하게 한국어로 번역하면 독자들이 답답함을 느낄 염려가 있기 때문에 의역의 방식을 취해야 하는 경우도 있습니다. 예를 들어 過去重視の中国를 "과거 중시의 중국"으로 직역하면 한국어 문장이 어색하거나 부자연스러워집니다. 한국어는 일본어에 비해 교착성이 덜하므로 "과거를 중시하는 중국"으로 문장을 좀 더 길게 해서 번역할 필요가 있습니다. 그러나 반드시 그런 것만도 아닙니다. 日本語の先生の奥さんの妹의 경우, "일본어의 선생님의 부인의 여동생"으로 번역하면 한국어 문장이 어색해집니다. 이 경우, "일본어 선생님 부인의 여동생"으로 줄이는 것이 자연스럽습니다.

번역자는 지금까지 보아온 일련의 번역 지식을 잘 파악해 두어야 할 것입니다. 일본어 통번역 수업은 보통 고학년 과정에서 행해지는 경우가 많은데, JLPT 1급이나 JPT를 취득하였거나 저학년에서 열심히 기초과정을 이수한 학습자라면 번역기술을 연마하는 데에 그리 큰 어려움은 없을 것입니다.

직역은 경제, 기술, 과학, 법률 등과 같은 전문 분야에서 많이 행해지는 반면에, 의역은 일반적으로 문학작품(수필, 소설, 시) 등에서 많이 행해집니다. 예를 들어 다음과 같은 트루게네프의 '初恋첫사랑'은 원작이 주는 고결한 문체, 품격 등을 고려하여 직역이 아닌 의역으로 번역하는 것이 바람직할 것입니다 (나름 의역을 했지만, 필자가 전문 번역가가 아니어서 의역에 아무래도 한계가 느껴지네요. 의역을 잘하려면 일본어에 대응하는 한국어를 자연스럽게 표현할 수 있는 지식도 반드시 갖추어야겠죠.).

ああ、青春よ、青春よ。お前はこの宇宙のあらゆる財宝を一人占めにしていく。初恋のあの頃、私はなんと希望に満ちていただろう。なんという輝かしい未来を思い描いていただろう。だが、お前は一切を成しうると思わせておきながら何も実現させはしなかった。ああ、青春よ。悲哀こそお前には似つかわしい。だが、今、人生に夕べの影が差し始めた今、あの清々しく懐かしい思い出に勝るものなど何もない。

-본문의 '初恋(첫사랑)'에서-

아아, 청춘이여, 청춘이여. 너는 이 우주의 모든 보화를 혼자 독차지할 셈이란 말인가? 내가 태어나서 처음으로 사랑을 하던 그 무렵, 나는 얼마나 희망에 가득 차 있었던가? 얼마나 눈부신 미래를 그리고 있었던가? 하지만 너는 모든 것을 (나에게) 성취할 수 있다고 생각하게 하고서는 정작 아무것도 실현시켜 주질 않았다. 아아, 청춘이여. 비애야말로 네게 어울리는 도다. 하지만, 지금 인생에 석양이 드리워지기 시작한 지금, (나의) 그 맑고 그리운 추억을 능가할 것은 아무것도 없다네.

전문 번역가가 아닌 장래 직장(무역회사)에서 일반적인 업무의 일환으로 번역을 하는 경우에는 의역은 불필요할지도 모릅니다. 틈틈이 일본어 기초 지식을 닦아나가면서 자신이 평소에 사용하는 평이한 한국어로 번역하는 걸로 충분할 것입니다.

3. 통역의 기초 지식

통역은 공간과 시간에 의해 여러 가지로 구분이 됩니다. 이하의 절에서는 공간과 시간에 따라 구분되는 통역의 종류에 대해서 살펴보도록 하겠습니다.

3.1 공간에 따른 통역의 종류

통역은 공간과 시간에 따라 여러 가지로 구분이 됩니다. 공간부터 보면 먼저 통역에는 **회의통역**이 있습니다. 예를 들어 거래하는 일본회사에서 바이어나 간부들이 특정 회사를 방문하여 사업 거래에 관해 회의할 경우에 회의 통역을 합니다. 통역자는 모두가 지켜보는 자리에서 혹은 눈에 띄지 않는 특정한 자리에서 통역을 하는 것이 일반적입니다.

둘째, 수행통역입니다. 예를 들어 일본 거래처에서 온 바이어 혹은 간부와 동행하는 우리나라 회사의 간부를 마치 경호원처럼 밀착 수행을 하면서 하는 통역을 수행통역이라고 합니다.

셋째, **회담통역**입니다. 양 국가의 정상이나 고위직 간부가 2인 형태로 회담을 하거나 대화를 나눌 때, 1인 또는 2인의 통역자가 통역을 담당하는 통역을 회담통역이라고 합니다. 예를 들어 한일정상회담의 경우, 일본 정상(수상)에게는 한국어를 일본어로 통역하는 일본인 통역자가, 한국 정상(대통령)에게는 일본어를 한국어로 통역하는 한국인 통역자가 통역하는 것이 일반적입니다.

넷째, **전화 회담 통역**이 있습니다. 예를 들면 우리나라의 대통령이나 고위간부가 일본의 수상이나 고위간부와 전화로 회담하거나 대화할 때, 별도의 수화기로 일본어(한국어)를 한국어(일본어)로 통역하는 경우, 이를 전화 회담 통역이라고 합니다.

요즘은 인터넷 매체를 비롯한 다양한 매체가 발달하여 이상 제시한 통역 외에도 다양한 통역이 있을 것으로 예상됩니다. 예를 들면 우리나라 대통령(연예인)이 일본의 텔레비전 프로그램에 출연해서 자신의 생각(개인기)을 말하는(보여주는) 경우라든지, 한국의 정치 상황을 생중계하면서 일본의 시청자들에게 한국 국회의원의 한국어 연설을 일본어로 통역하는 경우를 생각해 볼 수 있습니다.

3.2 시간에 따른 통역의 종류

일본사람이 발화(연설, 의견제시, 회화 등등)할 때, 어떤 타이밍에 한국어로 통역을 하느냐가 중요해집니다. 발화와 동시에 통역할 것인지, 아니면 발화가 이루어지고 몇 초 후에 통역할 것인지, 모든 발화가 끝나고 통역할 것인지를 결정해야 하는 경우가 있습니다. 이 경우 순차통역과 동시통역의 개념을 알아두면 편리합니다.

먼저 순차통역은 말하는 이가 한 문장 혹은 한 단락을 발화한 후에 통역하는 경우를 말합니다. 순차통역은 말하는 이의 발화 타이밍을 일부 뺏는 측면도 있기는 합니다만, 통역자가 통역에 따른 초초함을 덜 수 있는 데다 통역의 정확성도 기할 수 있기 때문에 통역 현장에서 많이 선호됩니다.

그다음으로 동시통역입니다. 동시통역은 문자대로라면 말하는 이의 말과 통역이 동시에 이루어진다는 뜻입니다. 그러나 과연 이것이 가능할까요? 만약 말하는 이의 발화가 즉석에서 이루어지는 것이 아니라 사전에 말하는 이의 원고를 통역자가 미리 입수한 상태라면 동시통역이 가능할 것입니다. 그러나 즉석에서 이루어지는 발화와 거의 동시에 통역을 하는 것이라면 통역자는 말하는 이보다 몇 초 늦게 통역을 할 수밖에 없을 것입니다. 그래도 이를 동시통역이라고 하는 것은 듣는 사람들이 말하는 이의 발화를 청취하는 데에 있어 시간차를 거의 못 느끼기 때문일 것입니다. 동시통역은 보통 말하는 이에게는 통역하는 말이 들리지 않게 이루어지는 것이 일반적입니다. 즉, 청취자들이 착용한

이어폰을 통해 동시통역이 이루어집니다. 그러나 말하는 이와 같은 목소리 크기로 동시통역을 하는 경우도 있는데, 이를 **생동시통역**이라고 합니다. 또한, 통역자가 듣는 이에게 밀착하여 귓전에 작은 목소리로 마치 속삭이듯이 통역하는 **위스퍼링 통역**이란 것도 있습니다.

3.3 통역의 방법과 훈련

통역가가 되기 위해서 제2절에서 제시한 번역 지식을 우선 갖추어야 합니다. 그다음으로 통역연습을 해야 하는데, 먼저 일본어 문장이나 단락을 끊어가면서 청취한 뒤에 통역 연습(순차통역)을 합니다. 원어민의 음성자료(유튜브, mp3)나 자신이 핸드폰에 직접 녹음한 것을 들으면서 순차통역을 반복적으로 연습한 뒤, 최종적으로 동시통역 연습을 해봅니다. 본서에서는 학습자들이 순차통역과 동시통역 연습을 완벽하게 할 수 있도록 했습니다.

그런데 동시통역은 말하는 이와 거의 동시에 통역을 하는 것이므로 말한 내용을 기억하지 않아도 되지만, 순차통역은 말하는 이의 발화 내용을 기억하여 통역하는 것이므로 반드시 메모(노트테이킹)를 해야 합니다. 기억에 의존해서 순차통역을 하는 사람도 흔히 볼 수 있지만, 중요한 사안을 통역할 때는 쌍방이 신뢰할 수 있도록 통역자는 메모나 노트테이킹을 하는 것이 바람직합니다. 하지만 노트테이킹이나 메모가 그리 간단한 작업이 아닙니다. 속기하거나 요점을 적거나 아니면 특수

기호(예를 들어 교회는 ✝, 화가 난 경우는 ☹, 맑음은 ☀로 표기) 등을 사용하는 연습이 필요합니다. 이 교재를 통해서 자신의 방법으로 꼭 연습해 보시기를 권장합니다.

4. 본서의 구성-지도(학습) 방법

통번역에 대한 기초지식을 모두 파악하면, 그다음으로 제2부에 들어가서 본격적으로 통번역 연습을 하게 됩니다. 목차에서 이미 밝힌 것처럼 제2부는 모두 13개의 문학작품으로 구성되어 있습니다. 학습(지도) 방법을 말씀드리면 다음과 같습니다. 우선 각과에 들어가면 한국어로 작성된 작품의 줄거리가 나옵니다. 학습자들이 줄거리를 미리 파악함으로써 일본어 원문 통번역에 대한 심적 부담을 덜게 하기 위함입니다. 예를 들면 미야자와켄지(宮沢賢治)의 銀河鉄道の夜(은하철도의 밤) 원문에 들어가기 전에 본서에서는 다음과 같이 원문의 줄거리를 제시합니다.

미야자와켄지(宮沢賢治)의 동화작품 중의 하나이다. 언덕 위에서 별을 바라보다 잠이 든 주인공 죠반니가 꿈속에서 친구인 캄파넬라와 기차를 타고 은하를 여행하는 이야기이다. 주인공은 이 여행을 통해서 인생에 대한 다양한 가치관, 행복관, 종교관을 가진 사람을 만나면서 진정한 행복의 가치를 깨닫는다.

둘째, 줄거리의 이해가 끝나면, 그다음에는 유튜브(사이트 mp3파일)를 통해서 성우의 음성을 들으면서 본문에 나오는 아는 단어나 모르는 단어를 동그라미로 표시합니다.

❖ **유튜브를 통해 본문을 들어봅시다. 들으면서 아는 단어(모르는 단어)에 동그라미를 쳐봅시다.**

　どうしてぼくは一人寂しいのだろう。ぼくと一緒に行く人はいないのだろうか。あ、ぼくの友達カムパネルラ。「銀河ステーション、銀河ステーション。まもなく銀河ステーション。」「あれ、ここどこだろう。ぼくはたしか丘の上で星を…。ああ、大変だ。おかあさんが病気なんだ。早く帰らなくちゃ。」

　「ジョバンニ。君はいつからここに?」「カムパネルラ、君こそなんでここに?君はたしかみんなと遊びに。」「みんなはね。ずいぶん急いだけれど遅れてしまったよ。」「カムパネルラ。」「あ、おかあさん。おかあさんはぼくを許してくれるだろうか。悲しんだりしないだろうか。」「何があったの?君のおかあさんは。」「けれども誰だって本当にいいことをしたらそれが一番

の幸せなんだ。だからおかあさんはきっとぼくを許してくれ
る。」「カムパネルラ。」

-미야자와켄지(宮沢賢治)의 銀河鉄道の夜 중에서-

셋째, 문장을 끊어 읽는 연습입니다. 유튜브에 나오는 성우들의 음성
을 들어보면, 하나의 문장을 도중에 끊지 않고, 일사천리로 읽는 경우
는 절대 없습니다. 즉, 일본사람들은 생리적으로 발음을 정지하며 하나
의 문장을 읽거나 발화합니다. 이것을 음성학적인 용어로 포즈(pause)
라고 합니다. 포즈는 말하는 이의 생리적인 목적(숨쉬기 위한 목적)만
을 위해서 사용하는 것이 아니라 상대방이 말하는 이의 말을 잘 알아
들을 수 있도록 배려하기 위해서도 사용됩니다. 자음이나 모음, 액센트
하나하나를 잘 발음하는 것도 중요하지만, 본서를 통해 포즈 감각을
충분히 배양하면 머지않아 여러분들은 일본사람들과 어려움 없이 의
사소통을 하는 기쁨을 누리게 될 것이리라 확신합니다. 본서에서는 포
즈를 '/'으로 표시하였습니다.

❖ 원문 읽기- / 표시된 부분 유의하며 읽기

유튜브의 음성을 청취한 학습자는 다음의 문장을 편안하게 가급적 또
렷한 소리로 읽기 연습을 하십시오. 두세 번 반복해서 읽기를 권장합니다.

아래의 문장을 읽고 번역합시다.

どうしてぼくは/一人(ひとり)/寂(さび)しいのだろう。ぼくと一緒(いっしょ)に行(い)く人(ひと)は/いないのだろうか。あ、/ぼくの友(とも)だち/カムパネルラ。「銀河(ぎんが)ステーション、/銀河(ぎんが)ステーション。まもなく/銀河(ぎんが)ステーション。」「あれ、/ここ/どこだろう。ぼくはたしか/丘(おか)の上(うえ)で星(ほし)を....。ああ、大変(たいへん)だ。おかあさんが病気(びょうき)なんだ。早(はや)く帰(かえ)らなくちゃ。」「ジョバンニ。君(きみ)は/いつからここに?」「カムパネルラ、/君(きみ)こそ/なんでここに?君(きみ)はたしか/みんなと遊(あそ)びに。」「みんなはね。ずいぶん急(いそ)いだけれど/遅(おく)れてしまったよ。」「カムパネルラ。」「あ、/おかあさん。おかあさんは/ぼくを許(ゆる)してくれるだろうか。悲(かな)しんだり/しないだろうか。」「何(なに)があったの?君(きみ)のおかあさんは。」「けれども/誰(だれ)だって本当(ほんとう)にいいことをしたら/それが一番(いちばん)の幸(しあわ)せなんだ。だからおかあさんは/きっとぼくを許(ゆる)してくれる。」「カムパネルラ。」

넷째, 읽기가 끝나면 교수자는 위의 문장에 나오는 단어나 연어(특정 단어가 다른 특정 단어의 출현을 요구하는 일종의 구(phrase)로 연어를 많이 암기하면 할수록 일본어 구사가 세련되어지고 또 능숙해집니다)를 설명합니다. 본서에서는 의도적으로 모든 단어에 한국어 뜻을 표시하지 않았습니다. 학습자들이 사전을 찾아보고자 최소한의 노력을 기울이는 편이

공부가 되는 것으로 판단하였기 때문입니다. 후리가나(한자 음을 가나로 표기한 것) 역시 모든 한자 단어에 표시하지 않았습니다. 단어 및 연어 설명이 끝나면 교수자나 혹은 학습자는 학습자 혹은 동료 학습자에게 일본어 단어 혹은 연어를 불러주며 한국어 뜻을 말하도록 합니다. 이 때 학습자는 책을 덮고 대답을 하거나 쓰는 것이 중요합니다. 이 시점에서 이미 (최소의 단위이긴 합니다만) 번역과 통역이 시작되기 때문입니다. 그다음으로 한국어로 단어나 연어를 불러주면 본문에 나오는 일본어 단어나 연어를 말하도록 합니다.

❖단어 및 연어 설명

① 본문의 단어와 연어의 의미를 확인하면서 따라 읽기

　　ぼくを許す나를 용서하다 / いいことをする좋은 일을 하다

② 단어와 연어를 불러주면 보지 않고 한국어로 해당 일본어 단어와 연어의 의미 말하기

③ 한국어로 물으면 해당 일본어 단어로 말하기(쓰기)

다섯째, 교수자는 학습자들에게 본문에 나오는 문법을 설명합니다. 또는 학습자는 자신이 모르는 문법 사항을 직접 학습합니다. 본문에서는 단어나 연어와 마찬가지로 모든 문법 사항을 설명하지는 않았습니다. 학습자가 문법에 대해 어느 정도 자기주도학습을 하는 것이 중

요하다고 판단하였기 때문입니다. 본서에서는 다음과 같은 방식으로
문법을 설명하였습니다.

❖ 문법 분석

① おかあさんが病気なんだ에서 病気なんだ는 病気＋なん(의미적 강
   조)＋だ로 분해된다. 病気だ는 단순히 병이라는 사실을 객관적으
   로 전달하는 것인 반면에, 病気なんだ는 병이라는 사실을 주관적
   으로 강조해서 전달하는 것이다.

② 早く帰らなくちゃ는 早く帰らなければ(早く帰らなくては)의 축약체
   이다. 구조를 보면 早く＋帰る＋なくちゃ인데, 두 가지의 용법을 지
   닌다. 자기 자신에게 말하는 경우에는, 즉 심내 발화인 경우(소리
   를 내도 상관없다) "빨리 가야지"라는 용법으로 사용된다. 타인에
   게 말하면 상대방의 행위를 통제하는 즉 "빨리 가야 해"라는 용
   법으로 사용된다.

여섯째, 번역하기입니다. 번역에는 이미 언급한 바와 같이 해당 일본
어 문장에 나오는 자구를 가급적 원문과 일치하도록 최대한 정직하게
번역하는 직역이 있고, 반대로 한국어 문장의 자연스러움을 고려하여
번역하는 의역이 있습니다. 우선 직역을 하는 습관을 들인 다음에 의
역으로 들어가기를 권장합니다. 그림으로 비유하자면, 직역은 밑그림

에 해당하며, 의역은 밑그림에 수차례의 덧칠을 하여 완성된 그림으로 비유할 수 있기 때문입니다.

❖번역하기 ①직역하기 ②의역하기

　どうしてぼくは一人寂しいのだろう。ぼくと一緒に行く人はいないのだろうか。あ、ぼくの友達カムパネルラ。「銀河ステーション、銀河ステーション。まもなく銀河ステーション。」「あれ、ここどこだろう。ぼくはたしか丘の上で星を…。ああ、大変だ。おかあさんが病気なんだ。早く帰らなくちゃ。」

　직역 예

　어째서 나는 혼자 외로운 것일까? 나와 함께 가는 사람은 없는 것인가? 아, 나의 친구 캄파넬라. "은하역, 은하역. 잠시 후 은하역." "어, 여기 어디지? 나는 분명 언덕 위에서 별을… 아, 큰일이다. 엄마가 병인데. 빨리 돌아가지 않으면…."

　의역 예

　왜 난 항상 외로운 걸까? 나와 함께 갈 사람은 없다는 말인가? 아, 나의 친구 캄파넬라. "이번 역은 은하역, 은하역입니다." "어, 여긴 어디지? 분명 언덕 위에서 별을 바라보고 있었는데… 아, 큰일이다. 엄마가 몸이 아프지. 빨리 집으로 가야겠어."

이제 통역을 할 차례입니다. 통역의 정점은 동시통역입니다. 그러나 바로 동시통역을 하면 학습자들의 심적 부담이 커지게 되므로, 우선 원문을 보면서 한국어로 번역하여 다른 동료 학습자들에게 들려주는 연습을 하는 것을 권장합니다.

❖ **통역하기**

① 원문을 보면서 한국어로 번역해서 들려주기

왜 난 항상 외로운 걸까? 나와 함께 갈 사람은 없다는 말인가? 아, 나의 친구 캄파넬라. "이번 역은 은하역, 은하역입니다." "어, 여긴 어디지? 분명 언덕 위에서 별을 바라보고 있었는데… 아, 큰일이다. 엄마가 몸이 아프잖아. 빨리 집으로 가야겠어."

그다음 단계로 순차 통역(1)의 단계로 들어갑니다.

② 순차통역하기(1)-원문 한 문장 듣고 한국어로 통역하기

누군가가 한 문장을 읽으면 다른 누군가는 그것을 메모하면서 혹은 기억을 통해서 한국어로 통역합니다. 예를 들어 어느 학습자(교수자)가 どうしてぼくは一人寂しいのだろう를 읽으면 다른 동료 학습자는 한국

어로 통역합니다. 그다음도 같은 요령으로 진행합니다. 필자는 학습자의 자기주도학습 능력을 중시하므로 수업 시간 외에 학습자들이 본문의 문장을 휴대폰에 녹음해, 한 문장 한 문장 끊으면서 순차 통역(1) 연습을 평소에 하기를 강력하게 권장합니다.

이번에는 순차통역하기(2)입니다. 단락이나 전체 일본어 문장을 들은 뒤에 메모하면서(혹은 기억을 하면서) 한국어로 통역연습을 하는 것입니다. 자신의 목소리를 핸드폰에 녹음한 것이나 유튜브(mp3파일)를 일정한 단위(단락, 문장 전체)로 정지해 가면서 혼자서 통역 연습을 하길 권장합니다. 녹음을 할 경우, 가급적 천천히 읽기를 권장합니다.

③ 순차통역하기(2)-전체 일본어 원문을 듣고 한국어로 통역하기
どうしてぼくは一人寂しいのだろう。ぼくと一緒に行く人はいないのだろうか。あ、ぼくの友達カムパネルラ。「銀河ステーション、銀河ステーション。まもなく銀河ステーション。」「あれ、ここどこだろう。ぼくはたしか丘の上で星を…。ああ、大変だ。おかあさんが病気なんだ。早く帰らなくちゃ。」

이제 최종적으로 전체 문장을 동시통역하기입니다. 동시통역이라 해도 발화와 동시에 통역을 한다는 것은 불가능한 일이므로 예를 들어 말하는 사람보다 1초 혹은 3, 4초 늦게 통역을 하는 것입니다(아래의 강조체 표시는 실제로 통역으로 들어가야 할 타이밍을 의미합니다.). 이 방식에 익숙해지면 메모를 하지 않아도 되므로 순차통역(1), (2)보다 훨씬 더

수월해질 수 있습니다. 수업시간에만 의존하지 말고 휴대폰에 녹음한 것이나 유튜브(mp3)를 들으며 꾸준히 연습하길 바랍니다. 익숙해지면 통상 성우가 읽는 것처럼 빠르게 읽은 것을 녹음하여 연습해 나가길 바랍니다.

④ 전체 문장을 동시통역하기

どうしてぼくは**一人寂しいのだろう**。ぼくと一緒に**行く人はいないのだろうか**。あ、ぼくの友達カムパネルラ。「**銀河ステーション、銀河ステーション。まもなく銀河ステーション。**」「あれ、ここどこだろう。ぼくはたしか**丘の上で星を**…。ああ、**大変だ。**おかあさんが**病気なんだ。**早く**帰らなくちゃ。**

이상 제시한 학습(수업) 방식은 이상적인 것입니다. 본서에서는 전체 문장을 복수의 단락으로 나누었습니다만, 실제 수업현장에서는 시간 제약상 본서에서 제시한 방식으로 수업을 진행하기가 힘들 수도 있습니다. 그럴 때는 단락의 길이를 교수자(학습자) 임의로 조정하여 수업(학습)을 진행하면 되므로 반드시 본서의 구성을 따를 필요는 없습니다.

부디 본서를 통해서 여러분의 기량이 일취월장하여 일생 일본어 통번역 전문가로서 능력을 유감없이 발휘해 나가시길 진심으로 기원합니다.

제2부
일본어 통번역의 연습

Unit 1 銀河鉄道の夜(1934, 死後発表)

宮沢賢治 作

(1896~1933)

きくドラ 脚色

미야자와켄지(宮沢賢治)의 동화작품 중의 하나이다. 언덕 위에서 별을 바라보다 잠이 든 주인공 죠반니가 꿈속에서 친구인 캄파넬라와 기차를 타고 은하를 여행하는 이야기이다. 주인공은 이 여행을 통해서 인생에 대한 다양한 가치관, 행복관, 종교관을 가진 사람을 만나면서 진정한 행복의 가치를 깨닫는다.

1) 먼저 본문을 들어봅시다. 아는 단어(모르는 단어)에 동그라미를 쳐 봅시다.

　どうしてぼくは一人寂しいのだろう。ぼくと一緒に行く人は いないのだろうか。あ、ぼくの友達カムパネルラ。「銀河ステ ーション、銀河ステーション。まもなく銀河ステーション。」 「あれ、ここどこだろう。ぼくはたしか丘の上で星を...。ああ、 大変だ。おかあさんが病気なんだ。早く帰らなくちゃ。」

　「ジョバンニ。君はいつからここに?」「カムパネルラ、君こ そなんでここに?君はたしかみんなと遊びに。」「みんなはね。 ずいぶん急いだけれど遅れてしまったよ。」「カムパネルラ。」 「あ、おかあさん。おかあさんはぼくを許してくれるだろうか。 悲しんだりしないだろうか。」「何があったの?君のおかあさん は?」「けれども誰だって本当にいいことをしたらそれが一番 の幸せなんだ。だからおかあさんはきっとぼくを許してくれ る。」「カムパネルラ。」

　「わぁ、眩しい。だれかいるの。」「あら、ここは?まあ、なん てきれいなところなんでしょう。わたし、お空へきたのね。窓 から天の川が見えるわ。」「女の子、一体どこから。」「やー、 君はどこから来たの?どうやってきたの?」「あのね、私船に のっていたの。そうしたら氷山にぶつかって船が沈んだの。」

「え、ボートは？救命ボートは積んでいなかったの？」「人が多くてとてもみんなは乗りきれなかったわ。私より小さい子もたくさんいたし、私その子たちを助けたかったの。それにこう思ったわ。人を押しのけて助かるよりこのまま神様のところに行くほうがきっと幸せだって。」「幸せ？本当の幸せって何だろう。」「まもなくサザンクロス。サザンクロス。」「あ、私ここで下りなくちゃ。ここ、天上世界にいくところだわ。きっとここに神様がいるんだわ。」「そんなまだ一緒にいればいいじゃないか。そんな神様は嘘の神様だよ。」「じゃ、あなたの神様ってどんな神様？」「へえ？よく知らないけど、嘘じゃなくて本当のたった一人の本当の神様だよ。」「ヒイイ、そうね。本当の神様はたった一人だわ。だからあなたも今にその本当の神様の前で私たちと会えるわ。それまでさようなら。」

「カムパネルラ。ぼくたち二人っきりになったね。ねえ、本当の幸せって何だろう。」「あ、ぼくにはわからない。」「でも、ぼく、おかあさんのためなら、うん、冷たい氷山の海にいる人たちやみんなの本当の幸せのためなら、ぼくの体なんか百遍焼いてもかまわない。」「あ、ぼくだってそうだ。」「カムパネルラ、いつか先生に言われたよね。ぼくたちで天上世界よりもっといいところを作りなさいって。ねえ、ぼくら、しっかりやろう

ね。」「うん、そうだね。あ、あそこごらん。暗黒星雲だ。空の穴
だよ。真っ暗だ。あ、なんて恐ろしいんだろう。」「うん、ぼくも
うあんな大きな闇だってちっとも怖くない。きっとみんなの本
当の幸せを探しに行く。カムパネルラ、ぼくたちどこまでもど
こまでも一緒に行こうね。」「うん、きっといくよ。あ、あそこの
野原をごらん。何だろう。きれいだね。みんな集まってるよ。」
「え、どこに?何も見えないよ。」「ほら、あそこだよ。あそこ!
あ、ほら、あそこにいるの。ぼくのおかあさんだよ。」「どうした
んだろう?カムパネルラ、ぼくには何も見えない。それに何だろ
う。すごく不安だ。」「おかあさん、はああははは...」「カムパネ
ルラ、うわっ! 体がかさね......、いやだ、いやだよ。行かないで、
カムパネルラ。」「ぼくら、ずっと一緒に。カムパネルラ。」

　「あ、ここは丘の上、列車は?あれは夢?」カンカンカーン。
カンカンカーン。「カムパネルラ」「探せ!」「カムパネルラが川
に落ちたぞ。」「友たちを助けようとしたらしい。」「もう45分も
たつぞ。」「きっと、もう。」「誰かカムパネルラをみたものはい
ないか。カムパネルラ。」「おーい、カムパネルラ。」

　カムパネルラ。はあ、ぼく知っている。ぼくらいっしょに本当
の幸せを。「誰だって本当にいいことをしたら、それが一番の
幸せなんだ。」カムパネルラ、きみはもうあの銀河のはずれに

しかいない。ぼく、きっとうまくやるよ。おかあさんのために。みんなのために。本当の、本当の幸せを探しに行く。ぼくら約束したよね。ずっと一緒だよね。カムパネルラ。

1-1) 아래의 문장을 읽고 번역합시다.(~02:24)

どうしてぼくは/一人(ひとり)/寂(さび)しいのだろう。ぼくと一緒(いっしょ)に行(い)く人(ひと)は/いないのだろうか。あ、/ぼくの友(とも)だち/カムパネルラ。「銀(ぎん)河(が)ステーション、/銀河(ぎんが)ステーション。まもなく/銀河(ぎんが)ステーション。」「あれ、/ここ/どこだろう。ぼくはたしか/丘(おか)の上(うえ)で星(ほし)を....。ああ、大変(たいへん)だ。おかあさんが病気(びょうき)なんだ。早(はや)く帰(かえ)らなくちゃ。」

「ジョバンニ。君(きみ)は/いつからここに?」「カムパネルラ、/君(きみ)こそ/なんでここに?君(きみ)はたしか/みんなと遊(あそ)びに。」「みんなはね。ずいぶん急(いそ)いだけれど/遅(おく)れてしまったよ。」「カムパネルラ。」「あ、/おかあさん。おかあさんは/ぼくを許(ゆる)してくれるだろうか。悲(かな)しんだり/しないだろうか。」「何(なに)があったの?君(きみ)のおかあさんは。」「けれども/誰(だれ)だって本当(ほんとう)にいいことをしたら/それが一番(いちばん)の幸(しあわ)せなんだ。だからおかあさんは/きっとぼくを許(ゆる)してくれる。」「カムパネルラ。」

❖원문 읽기- / 표시된 부분 유의하며 읽기

❖단어 및 연어 설명
① 본문의 단어와 연어의 의미를 확인하면서 따라 읽기
ぼくを許す나를 용서하다/いいことをする좋은 일을 하다
② 단어와 연어를 불러주면 보지 않고 한국어로 해당 일본어 단어와
연어의 의미 말하기
③ 한국어로 물으면 해당 일본어 단어를 말하기(쓰기)

❖문법 분석
① おかあさんが病気(びょうき)なんだ에서 病気なんだ는 病気＋なん(의미적 강
조)＋だ로 분해된다. 病気だ는 단순히 병이라는 사실을 객관적으
로 전달하는 것인 반면에, 病気なんだ는 병이라는 사실을 주관적
으로, 즉 강조해서 전달하는 것이다.
② 早(はや)く帰(かえ)らなくちゃ는 早く帰らなければ(早く帰らなくては)의 축약체이
다. 구조를 보면 早く＋帰る＋なくちゃ인데, 두 가지의 용법을 지닌다.
자기 자신에게 말하는 경우에는, 즉 심내 발화인 경우(소리를 내도 상
관없다) "빨리 가야지"라는 용법으로 사용되고, 타인에게 말하면 상
대방의 행위를 통제하는 즉 "빨리 가야 해"라는 용법으로 사용된다.

❖번역하기 ①직역하기 ②의역하기

_____

_____

_____

_____

_____

❖통역하기

① 원문을 보면서 한국어로 번역해서 들려주기

② 순차통역하기(1)-원문 한 문장 듣고 한국어로 통역하기

③ 순차통역하기(2)-전체 일본어 원문을 듣고 한국어로 통역하기

④ 전체 문장을 동시통역하기

1-2) 아래의 문장을 읽고 번역합시다. (02:25~04:13)

「わぁ、/眩しい_{눈부시다}。だれか/いるの。」「あら、/ここは? まあ、/なんてきれいなところなんでしょう。わたしお空へきたのね。窓から/天の川_{은하수}が見えるわ。」「女の子、/一体/どこから。」「やー、君は/どこから来たの?どうやってきたの?」「あのね、/私船に乗っていたの。そうしたら/氷山にぶつかって/船が沈んだの。」「え、/ボートは?救命ボートは積んでいなかったの。」「人が多くて/とてもみんなは乗りきれなかったわ。私より小さい子もたくさんいたし、/私その子たちを助けたかったの。それに/こう思ったわ。人を押しのけて助かるより/このまま神様のところに行くほうが/きっと幸せだって。」「幸せ?/本当の幸せって/何だろう。」「まもなく/サザンクロス、/サザンクロス。」「あ、/私/ここで下りなくちゃ。ここ、/天上世界に行くところだわ。きっとここに/神様がいるんだわ。」

❖원문 읽기- / 표시된 부분 유의하며 읽기

❖단어 및 연어 설명

① 본문의 단어와 연어의 의미를 확인하면서 따라 읽기

氷山にぶつかる빙산에 부딪히다/船が沈む배가 가라앉다/救命ボートが積む구명보트가 실리다/子たちを助ける아이들을 구조하다/人を押しのける사람을 밀어젖히다/ここで下りる여기에서 내리다

② 단어와 연어를 불러주면 보지 않고 한국어로 해당 일본어 단어와 연어의 의미 말하기

③ 한국어로 물으면 해당 일본어 단어를 말하기(쓰기)

❖**문법 분석**

① 私その子たちを助けたかったのに에서 助けたかった는 助ける＋たい(희망)＋과거시제 형식이 결합한 구조이다.

② 天上世界に行くところだわ에서 行くところだわ는 行く＋ところ＋だ＋わ가 결합한 구조이다. 동사의 기본형에 ところだ는 아직 행위가 실현되지 않은, 즉 미실현을 나타낸다. 번역하면 "천상세계에 막 가려던 참이야."이다. わ는 여성들이 주로 사용하는 종조사이다.

③ きっとここに/神様がいるんだわ에서 いるんだわ의 문법 구조는 いる＋ん＋だ＋わ이다. ん은 의미적 강조를 나타낸다. 神様がいるわ가 하느님의 존재를 담담하게 전달하는 표현이라면 神様がいるんだわ는 하느님의 존재를 강한 확신을 가지고 전달하는 표현이라고 할 수 있다.

❖번역하기 ①직역하기 ②의역하기

_____

_____

_____

❖통역하기

① 원문을 보면서 한국어로 번역해서 들려주기

② 순차통역하기(1)-원문 한 문장 읽고 한국어로 통역하기

③ 순차통역하기(2)-전체 일본어 원문을 읽고 한국어로 통역하기

④ 전체 문장을 동시통역하기

1-3) 아래의 문장을 읽고 번역합시다.(04:14~05:46)

「そんなまだ一緒にいればいいじゃないか。そんな神様は/嘘の神様だよ。」「じゃ、/あなたの神様って/どんな神様?」「へえ?よく/知らないけど、/嘘じゃなくて/本当の/たった一人の/本当の神様だよ。」「ヒイイ、/そうね。本当の神様はたった一人だわ。だからあなたも今に/その本当の神様の前で/私たちと会えるわ。それまで/さようなら。」

「カムパネルラ。ぼくたち/二人っきりになったね。ねえ、/

本当の幸せって/何だろう。」「あ、/ぼくにはわからない。」「でも、ぼく/おかあさんのためなら、/うん、/冷たい/氷山の海にいる人たちや/みんなの/本当の幸せのためなら、/ぼくの体なんか、/百篇焼いてもかまわない。」「あ、/ぼくだってそうだ。」

❖원문 읽기- / 표시된 부분 유의하며 읽기

❖단어 및 연어 설명

①본문의 단어와 연어의 의미를 확인하면서 따라 읽기

②단어와 연어를 불러주면 보지 않고 한국어로 해당 일본어 단어와 연어의 의미 말하기

③한국어로 물으면 해당 일본어 단어를 말하기(쓰기)

❖문법 분석

❖번역하기 ①직역하기 ②의역하기

_____

_____

_____

_____

❖통역하기

① 원문을 보면서 한국어로 번역해서 들려주기

② 순차통역하기(1)-원문 한 문장 듣고 한국어로 통역하기

③ 순차통역하기(2)-전체 일본어 원문을 듣고 한국어로 통역하기

④ 전체 문장을 동시통역하기

1-4) 아래의 문장을 읽고 번역합시다.(05:47~08:08)

「カムパネルラ、いつか先生に言われたよね。ぼくたちで/天上世界より/もっといいところを作りなさいって。ねえ、ぼくら/しっかりやろうね。」「うん、/そうだね。あ、/あそこごらん。暗黒星雲だ。空の穴だよ。真っ暗だ。あ、/なんて恐ろしいんだろう。」「うん、ぼく/もう/あんな大きな闇だって/ちっとも怖くない。きっと/みんなの本当の幸せを/探しに行く。カ

ムパネルラ、/ぼくたち/どこまでも/どこまでも/一緒(いっしょ)に行(い)こう
ね。」「うん、きっといくよ。あ、/あそこの野原(のはら)をごらん。何(なん)だ
ろう。きれいだね。みんな集(あつ)まってるよ。」

「え、/どこに?何(なに)も見(み)えないよ。」「ほら、/あそこだよ。あそ
こ!あ、/ほら、/あそこにいるの。ぼくの/おかあさんだよ。」「ど
うしたんだろう?カムパネルラ、ぼくには/何(なに)も見(み)えない。それ
に何(なん)だろう。すごく/不安(ふあん)だ。」「おかあさん、/はああははは...」
「カムパネルラ、/うわっ! 体(からだ)がかさね...、いやだ、/いやだよ。
行(い)かないでカムパネルラ。」「ぼくら、/ずっと一緒(いっしょ)に。カムパ
ネルラ。」

❖원문 읽기- / 표시된 부분 유의하며 읽기

❖단어 및 연어 설명

① 본문의 단어와 연어의 의미를 확인하면서 따라 읽기

② 단어와 연어를 불러주면 보지 않고 한국어로 해당 일본어 단어와
연어의 의미 말하기

③ 한국어로 물으면 해당 일본어 단어를 말하기(쓰기)

❖문법 분석

① ねえ、ぼくら/しっかりやろうねの やろうねは やるの 의지형＋ね (동의를 구하는 종조사)이다. 의지형은 두 가지의 의미용법을 지닌다. 하나는 의지, 다른 하나는 권유이다. 자신에게 말하는 경우라면 "해야지, 하겠다"로, 타인에게 말하는 경우라면 "하자"로 번역된다.

② うん、/ぼく/もう/あんな大きな闇だって/ちっとも怖くない에서 大きな闇だっての だっては でもの 회화체이다.

❖번역하기 ①직역하기 ②의역하기

_____

_____

_____

_____

_____

❖통역하기

① 원문을 보면서 한국어로 번역해서 들려주기
② 순차통역하기⑴-원문 한 문장 듣고 한국어로 통역하기

③ 순차통역하기(2)-전체 일본어 원문을 듣고 한국어로 통역하기

④ 전체 문장을 동시통역하기

1-5) 아래의 문장을 읽고 번역합시다. (08:09~)

「あ、/ここは/丘の上、/列車は?あれは/夢?」カンカンカーン。カンカンカーン。「カムパネルラ」「探せ!」「カムパネルラが/川に落ちたぞ。」「友たちを助けようとしたらしい。」「もう45分も経つぞ。」「きっともう...。」「誰か/カムパネルラを見た者はいないか。カムパネルラ。」「おーい、/カムパネルラ。」

カムパネルラ。はあぼく/知っている。ぼくら一緒に/本当の幸せを。「誰だって/本当にいいことをしたら、/それが/一番の幸せなんだ。」カムパネルラ、/君はもう/あの銀河のはずれにしかいない。ぼく、/きっと/うまくやるよ。おかあさんのために。みんなのために。本当の、/本当の幸せを/探しに行く。ぼくら/約束したよね。ずっと/一緒だよね。カムパネルラ。

❖원문 읽기- / 표시된 부분 유의하며 읽기

❖단어 및 연어 설명

① 본문의 단어와 연어의 의미를 확인하면서 따라 읽기

川に落ちる강물에 빠지다/幸せを探す행복을 찾다

② 단어와 연어를 불러주면 보지 않고 한국어로 해당 일본어 단어와

연어의 의미 말하기

③ 한국어로 물으면 해당 일본어 단어를 말하기(쓰기)

❖문법 분석

① 友たちを助けようとしたらしい에서 助けようとしたらしい는 助ける

의 의지형 (의지의 의미를 지님)+と+する의 과거형+らしい(추량의

조동사)으로 분해된다.

❖번역하기 ①직역하기 ②의역하기

_____

_____

_____

_____

_____

❖**통역하기**

① 원문을 보면서 한국어로 번역해서 들려주기

② 순차통역하기⑴-원문 한 문장 듣고 한국어로 통역하기

③ 순차통역하기⑵-전체 일본어 원문을 듣고 한국어로 통역하기

④ 전체 문장을 동시통역하기

Unit 2 注文の多い料理店(1924)

宮沢賢治 作

(1896~1933)

きくドラ 脚色

 두 명의 젊은 신사가 깊은 산속에서 사냥을 하러 하루종일 깊은 산속을 다녔으나 한 마리도 잡지 못한 채 배를 곯고 깊은 산속을 헤맨다. 그러다가 주문이 많은 음식점(注文の多い料理店)이라고 쓰인 하얀 벽돌집의 서양음식점을 발견하게 된다. 그러나 그곳은 산속에서 길 잃은 사람들을 요리하여 살쾡이에게 제공하는 음식점이었다. 이를 알게된 두 젊은 신사는 혼비백산하여 그곳을 도망친다. 인간에게 생명에 대한 경종을 알리는 동화이다.

> **2) 먼저 본문을 들어봅시다. 아는 단어(모르는 단어)에 동그라미를 쳐 봅시다.**
>
> 二人の若い紳士が、ピカピカする鉄砲を担ぎ、犬を二匹連れて山奥をカサカサと歩いていました。「ここらの山はけしからんね。鳥も獣も一匹もいない。」「全くだね。鹿の横っ腹に2、

3発お見舞いしたいもんだ。」それは本当に山奥でした。あんまり山が物凄いので犬はめまいを起こして倒れてしまいました。「おいおい！2千円の損失だよ。」「うん。僕は3千円だ。」二人とも悔しがりました。

　「腹が空いた。なんか食べたいな。」「食べたいなあ。」その時、ふと後を見ますと、立派な西洋造りの家がありました。「西洋料理店、山猫軒」白い煉瓦造りで実に立派です。ガラスの開き戸にはこう書いてあります。「どなたもお入りください。決してご遠慮ありません。」「世の中、うまく出来てるね。」「決してご遠慮ありませんというのはいいね。」二人は浮き浮きして中へ入りました。扉の裏側にはこう書いてあります。「当店は注文の多い料理店です。どうかご承知ください。」「なかなか流行ってるみたいだね。」「東京にだってウーンこんな立派なレストランはないからね。」

　扉を開けると、奥にはまた一つ扉がありました。そしてその脇には鏡とブラシ、それと書置きがあります。「ここで髪をきちんとして汚れを落してください。」「これは最もだ。山奥だと思って見くびっていたよ。」「作法の厳しい店だ。よほど偉い人が来るんだね。」二人は身なりを整え靴の泥を落してから部屋に入りました。するとまた変なことが書いてあります。「鉄砲と

弾をここへ置いてください。」「なるほど、鉄砲をもって食事する作法はないな。」「僕ら危うく恥をかくところだったね。」二人は鉄砲をはずし、それを台の上に置きました。

　次の扉にも何か書いてあります。「帽子とコート、後、靴をお取りください。」「靴まで脱げとは清潔な店だね。」「ウフン、よほど高貴な方が来るんだよ。」二人は裸足でペタペタと中へ入っていきました。「壷の中のクリームを顔や手足にすっかり塗ってください。」「ウウン？クリームを塗れとはどういう了見だ？」「ウーン、今日は空気が乾燥してるからね。肌にひびが入るからその予防なんだろう。」二人はクリームを身体中に塗りました。

　さて、そろそろ料理を注文したいところです。「いろいろ注文が多くてうるさかったでしょう。お気の毒でした。もうこれだけです。どうか身体中にむらなく塩をもみこんでください。」さすがに今度は二人ともギョッとしました。「おーい、どうもおかしくないか。」「僕もおかしいと思う。」「注文というのは向うがこっちへ注文しているんだよ。普通料理店というのは来た人に料理を食べさせるところだ。」「その通りだ。僕らが注文をするもんだ。「でも、これじゃあべこべだ。」「僕らが食べさせることになる。」「待ってよ。僕ら何も持ってないぜ。」「と

いうことは?」「こ、これはそのつまり僕らが...。」ガタガタと二人は震えました。

　「その、僕らが、りょ、料理?」クリームの匂いがプーンと鼻を刺激しました。後ろの扉を押しましたが扉はもう一分も動きません。ですが、奥の方にはもう一つ扉があるようです。扉には大きな鍵穴がどーんと開き、赤い字で大きく、「わざわざご苦労さまでした。大変結構に出来ました。さあー、お中にお入りください。」ギョロッと、二つの青い大きな目玉がこちらを覗いています。二人は抱き合って泣きました。

　すると扉の中からコソコソと声が聞こえます。「ニャー、だめだニャー。塩を塗らないニャ。当たり前だニャ。親分の書き方がまずいニャ。どっちでもいいニャ。どうせ僕らには骨もくれない。けどあいつらを逃したら僕らの責任ニャ。それもそうニャ。キャー呼ぼうか。」「オーイ、お客さん。早くいらっしゃいニャ。お皿も洗ってありますし、菜っぱもよく塩で揉みましたニャ。」「後はお客さんをお皿に乗せるだけですニャ。さあー早く。」「それともサラダはおきらいですニャ。それならフライにしてあげますニャ。」「こらこら、そんなに泣いてはせっかくのクリームが台無しニャ。そら、早く来るニャ。親分はもうナプキンをして待ってるニャ。ささあ、さあ、さあ、さあ。」「さあ、

お中へ。」

「オー、助けて!」二人は泣いて泣いて泣きました。もう腰が抜けて立ち上がることもできません。あんまり怖くて顔がまるでクシャクシャの紙屑のようになってしまいました。二つの青い目玉はギラギラとその輝きを増しています。その時です。突然、二匹の猟犬が部屋のなかに飛び込んできました。ご主人を追いかけて来たようです。「犬だニャ。野蛮な奴だニャ。親分、追い払ってください。親分!親分!」「あれ、親分?」気がつくと、あの恐ろしい、青い目玉は消えていました。その後、二人は急いで山を降り、汽車で東京に帰りました。

「ヨオー、ご両人!どうだった?狩りは?で、ハハハ、何だ、その顔は?」しかし家に帰っても何日寝ても紙屑のようになった顔は、もうもとには戻りませんでした。

2-1) 아래의 문장을 읽고 번역합시다.(~02:12)

二人の若い紳士が、/ピカピカする鉄砲を担ぎ짊어지다、/犬を二匹連れて/山奥をカサカサと歩いていました。「ここらの山は/けしからんね괘씸하다。鳥も獣も/一匹もいない。」「全くだね。鹿の横っ腹に2、3発/お見舞いしたいもんだ。」それは本

当に山奥でした。あんまり山が物凄いので 굉장하다/犬はめまい
を起こして倒れてしまいました。「おいおい! 2千円の損失だ
よ。」「うん、/僕は3千円だ。」二人とも悔しがりました 분하다。

「腹が空いた。なんか食べたいな。」「食べたいなあ。」そ
の時、/ふと/後を見ますと、/立派な西洋造りの家がありまし
た。「西洋料理店、/山猫軒」白い煉瓦造りで/実に立派です。
ガラスの開き戸には/こう書いてあります。「どなたもお入りく
ださい。決してご遠慮ありません。」「世の中、/うまく出来て
るね。」「決してご遠慮ありません/というのはいいね。」二人
は/浮き浮きして中へ入りました。扉の裏側には/こう書いてあ
ります。「当店は/注文の多い料理店です。どうかご承知くだ
さい。」「なかなか流行ってるみたいだね。」「東京にだって/
ウーン/こんな立派なレストランはないからね。」

❖원문 읽기- / 표시된 부분 유의하며 읽기

❖단어 및 연어 설명

① 본문의 단어와 연어의 의미를 확인하면서 따라 읽기

② 단어와 연어를 불러주면 보지 않고 한국어로 해당 일본어 단어와

연어의 의미 말하기

③ 한국어로 물으면 해당 일본어 단어를 말하기(쓰기)

❖문법 분석

① 二人とも悔しがりましたの서 悔しがりました는 悔しい＋がる＋まし
た로 분해된다. がる는 형용사의 어간에 접속되며 제3자의 기분
을 나타낸다. 悔しい가 '분하다'의 의미를 가지므로 이 형용사에
がる가 연결되면 "억울해한다, 분을 못 참는다"의 의미가 된다.

② どなたもお入りくださいの서 お入りください는 お(존경 접두사)＋入
り(入る의 연용형)＋ください로 분해된다. 入ってください보다 경의
가 높다. 굳이 번역하자면 お入りください는 "들어오십시오", 후자
의 入ってください는 "들어오세요"가 된다. ご承知ください도 承知
してください와 비교하여 동일한 맥락으로 해석하면 된다.

❖번역하기 ①직역하기 ②의역하기

_____

_____

_____

_____

❖통역하기

① 원문을 보면서 한국어로 번역해서 들려주기

② 순차통역하기(1)-원문 한 문장 듣고 한국어로 통역하기

③ 순차통역하기(2)-전체 일본어 원문을 듣고 한국어로 통역하기

④ 전체 문장을 동시통역하기

2-2) 아래의 문장을 읽고 번역합시다.(02:13~04:02)

　扉を開けると、/奥にはまた一つ/扉がありました。そしてその脇には/鏡とブラシ、/それと/書置きがあります。「ここで髪をきちんとして/汚れを落してください。」「これは最もだ。山奥だと思って見くびっていたよ。」「作法예의범절, 매너の厳しい店だ。よほど偉い人が来るんだね。」二人は<u>身なりを整え</u>/靴の泥を落してから部屋に入りました。すると/また変なことが書いてあります。「鉄砲と弾を/ここへ置いてください。」「なるほど、/鉄砲をもって食事する作法はないな。」「僕ら/危うく恥をかく창피를 당하다ところだったね。」二人は<u>鉄砲をはずし</u>、/それを台の上に置きました。

　次の扉にも/何か書いてあります。「帽子とコート、/後、靴をお取りください。」「靴まで脱げとは/清潔な店だね。」「ウフン、/よほど高貴な方が来るんだよ。」二人は/裸足でペタペタと中へ入っていきました。「壷の中のクリームを/顔や手足に

すっかり塗ってください。」「ウウン？クリームを塗れとは/どう
いう了見だ?」「ウーン、/今日は空気が乾燥してるからね。肌
にひびが入るから/その予防なんだろう。」二人は/クリームを
身体中に塗りました。

❖ 원문 읽기- / 표시된 부분 유의하며 읽기

❖ 단어 및 연어 설명

① 본문의 단어와 연어의 의미를 확인하면서 따라 읽기

汚れを落とす더러움을 제거하다/身なりを整える몸단장을 하다/鉄砲
を外す총을 치우다

② 단어와 연어를 불러주면 보지 않고 한국어로 해당 일본어 단어와
연어의 의미 말하기

③ 한국어로 물으면 해당 일본어 단어를 말하기(쓰기)

❖ 문법 분석

① お取りください는 取ってください보다 경의가 높다.

② すると/また 変なことが書いてあります에서 書いてあります는 書く

(타동사)＋あります로 분해된다. 타동사에 います가 연결되면 진행의 의미 "쓰고 있다"가 되지만, 타동사에 あります가 연결되면 상태 지속의 의미 즉 "쓰여 있다"가 된다.

③ クリームを塗れとは에서 塗れ는 塗る(바르다)의 명령형이다.

❖번역하기 ①직역하기 ②의역하기

_____

_____

_____

_____

_____

❖통역하기

① 원문을 보면서 한국어로 번역해서 들려주기

② 순차통역하기⑴－원문 한 문장 듣고 한국어로 통역하기

③ 순차통역하기⑵－전체 일본어 원문을 듣고 한국어로 통역하기

④ 전체 문장을 동시통역하기

2-3) 아래의 문장을 읽고 번역합시다.(04:03~06:07)

　さて、/そろそろ料理を注文したいところです。「いろいろ注文が多くてうるさかったでしょう。お気の毒でした。もうこれだけです。どうか身体中にむらなく/塩をもみこんでください。」さすがに今度は二人ともギョッとしました。「おーい、/どうもおかしくないか。」「僕もおかしいと思う。」「注文というのは/向うがこっちへ注文しているんだよ。普通料理店というのは/来た人に料理を食べさせるところだ。」「その通りだ。僕らが注文をするもんだ。」「でも、/これじゃあべこべだ。」「僕らが食べさせることになる。」「待ってよ。僕ら/何も持ってないぜ。」「と/いうことは?」「こ、/これはそのつまり/僕らが...。」ガタガタと/二人は震えました떨다.

　「その、/僕らが/りょ、/料理?」クリームの匂いが/プーンと鼻を刺激しました。後ろの扉を押しましたが/扉はもう一分も動きません。ですが、/奥の方にはもう一つ扉があるようです。扉には大きな鍵穴が/どーんと開き、/赤い字で大きく、/「わざわざご苦労さまでした。大変結構に出来ました。さあー/お中にお入りください。」ギョロッと、/二つの青い/大きな目玉がこちらを覗いています。二人は抱き合って泣きました。

❖원문 읽기- / 표시된 부분 유의하며 읽기

❖단어 및 연어 설명

① 본문의 단어와 연어의 의미를 확인하면서 따라 읽기

② 단어와 연어를 불러주면 보지 않고 한국어로 해당 일본어 단어와 연어의 의미 말하기

③ 한국어로 물으면 해당 일본어 단어를 말하기(쓰기)

❖문법 분석

① 普通料理店（ふつうりょうりてん）というのは/来た人に料理を食べさせるところだ에서 食べさせる는 食べる의 사역형이다. "먹게 하다"의 의미보다는 "먹이다"의 의미가 강하다.

② 二人は抱（だ）き合（あ）って泣きました에서 抱き合う는 抱く의 연용형에 合う가 결합한 것이다. 동사의 연용형에 合う가 결합하면 상호표현, 즉 어떤 동작을 혼자가 아닌 함께 한다는 의미가 된다.

❖번역하기 ①직역하기 ②의역하기

_____

_____

_____

_____

❖통역하기

① 원문을 보면서 한국어로 번역해서 들려주기

② 순차통역하기(1)-원문 한 문장 듣고 한국어로 통역하기

③ 순차통역하기(2)-전체 일본어 원문을 듣고 한국어로 통역하기

④ 전체 문장을 동시통역하기

2-4) 아래의 문장을 읽고 번역합시다.(06:08~07:19)

　すると/扉の中から/コソコソと声が聞こえます。「ニャー、だめだニャー。塩を塗らないニャ。当たり前だニャ。親分の書き方がまずいニャ。どっちでもいいニャ。どうせ僕らには骨もくれない。けど/あいつらを逃したら僕らの責任ニャ。それもそうニャ。キャー/呼ぼうか。」「オーイ、お客さん。早くいらっしゃいニャ。お皿も洗ってありますし、/菜っぱもよく塩で揉みま

したニャ。」「後はお客さんを/お皿に乗せる_{얹다}だけですニャ。
さあー/早く。」「それともサラダはおきらいですニャ。それなら
フライにしてあげますニャ。」「こらこら、/そんなに泣いてはせ
っかくのクリームが台無しニャ。そら、/早く来るニャ。親分は
もう/ナプキンをして待ってるニャ。さあ、さあ、さあ、さあ、さ
あ、」「さあ、お中へ。」

❖원문 읽기- / 표시된 부분 유의하며 읽기

❖단어 및 연어 설명

① 본문의 단어와 연어의 의미를 확인하면서 따라 읽기

② 단어와 연어를 불러주면 보지 않고 한국어로 해당 일본어 단어와
연어의 의미 말하기

③ 한국어로 물으면 해당 일본어 단어를 말하기(쓰기)

❖문법 분석

① 書き方는 書く의 연용형 書き에 方가 결합한 것이다. "쓰는 방법, 쓰기법"
으로 번역된다. 飲む、食べる、する、聞く 등의 동사에도 응용해 볼 것.

② だめだニャーでは ニャーは 산고양이(살쾡이)의 울음소리를 나타
내는 의성어인데, 말하는 주체가 산고양이임을 강조하기 위해 의
도적으로 붙여진 것으로 볼 수 있다.
③ 親分はもう/ナプキンをして待ってるニャ에서 待ってる는 待ってい
る의 い가 생략된 것이다. 일반적으로 회화에서는 い가 탈락된다.

❖번역하기 ①직역하기 ②의역하기

_____

_____

_____

_____

_____

❖통역하기

① 원문을 보면서 한국어로 번역해서 들려주기

② 순차통역하기(1)-원문 한 문장 듣고 한국어로 통역하기

③ 순차통역하기(2)-전체 일본어 원문을 듣고 한국어로 통역하기

④ 전체 문장을 동시통역하기

2-5) 아래의 문장을 읽고 번역합시다.(07:20~)

「オー、助けて!」二人は泣いて泣いて泣きました。もう/腰が抜けて놀라 힘이 빠지다/立ち上がる일어나다こともできません。あんまり怖くて/顔がまるで/クシャクシャの紙屑のようになってしまいました。二つの青い目玉は/ギラギラとその輝きを増して더하다います。その時です。突然、/二匹の猟犬が部屋のなかに飛込んできました。ご主人を追いかけて쫓아오다来たようです。「犬だニャ。野蛮な奴だニャ。親分、追い払って쫓다ください。親分!親分!」「あれ、親分?」気がつくと、/あの恐ろしい、/青い目玉は消えていました。

その後、/二人は急いで山を降り/汽車で東京に帰りました。「ヨオー、ご両人!どうだった?狩りは?で、ハハハ、何だ、その顔は?」しかし/家に帰っても/何日寝ても/紙屑のようになった顔は、/もう/もとには戻りませんでした。

❖ 원문 읽기- / 표시된 부분 유의하며 읽기

❖ 단어 및 연어 설명

① 본문의 단어와 연어의 의미를 확인하면서 따라 읽기

② 단어와 연어를 불러주면 보지 않고 한국어로 해당 일본어 단어와
  연어의 의미 말하기
③ 한국어로 물으면 해당 일본어 단어를 말하기(쓰기)

❖번역하기 ①직역하기 ②의역하기

_____

_____

_____

_____

_____

❖통역하기

① 원문을 보면서 한국어로 번역해서 들려주기
② 순차통역하기(1)-원문 한 문장 듣고 한국어로 통역하기
③ 순차통역하기(2)-전체 일본어 원문을 듣고 한국어로 통역하기
④ 전체 문장을 동시통역하기

Unit 3　走れメロス(1940)

太宰治 作

(1909~1948)

きくドラ脚色

　거의 매일 백성들을 죽이는 왕이 있었다. 그 이유인즉슨 인간 불신과 그에 따른 증오심 때문이었다. 이를 안 메로스는 칼 한 자루를 들고 왕궁으로 들어가려다가 체포되어 왕 앞으로 끌려가게 된다. 사형에 처해지게 된 메로스는 여동생의 결혼식이 있어 3일만 사형집행을 보류해주면 반드시 돌아오겠다고 왕에게 사정한다. 믿지 못하는 왕을 안심시키기 위해 친구인 세르닌티우스를 인질로 바친다. 메로스는 약속대로 3일 만에 나타나는데, 이를 본 왕은 인간에 대한 증오심을 버리고 신뢰심을 되찾는다.

3) 먼저 본문을 들어봅시다. 아는 단어(모르는 단어)에 동그라미를 쳐 봅시다.

　メロスは町が暗く沈んでいるのを感じ、問いました。「それは王様が人を殺すせいです。」「殺す?なぜ殺すのだ?」「人

々が悪い心を抱いているというのです。」「たくさん殺したの
か?」「はい、はじめは王様の妹のお子様を、それから皇后さ
まを、大臣のアレキスさまを、そして民衆を。」「なんというこ
とだ?」「王は乱心か?」「いいえ、乱心ではございません。王は
人を信ずることができないのです。今日も六人が殺されまし
た。」「あきれた暴君だ。生かしてはおけぬ。」

　メロスは単純な男でした。ナイフをもってのそのそと城に入
っていきあっさりつかまりました。「王よ、あなたは間違ってお
られる。」王は静かに威厳をもって答えました。「お前などにわ
しの孤独がわかるか。」「何を言う。人を疑うのはもっとも恥ず
べき悪徳だ。」「だが、それが正しいと教えてくれたのはお前た
ちだ。人の心などあてにはならん。」王は無表情でつぶやき、
ためいきをつきました。「わしとて本当は平和を望んでいるの
だ。」「罪のないものを殺して何が平和か。」「黙れ、口ではど
んなきれいごとも言う。お前も今に泣いて詫びても知らんぞ。」
「私は死ぬ覚悟で来ているのだ。命乞いなどしない。今すぐは
りつけにでもするがいい。」「何?はりつけだと。」「そうだ。い
や、ただ...。」メロスははっとして視線を落としました。「ただ、
私になさけをかけてくれるなら処刑までに三日の猶予を与え
てほしい。」「フフフ、ハハハハハ。今までの威勢はどうしたの

だ。早速命乞いをはじめよったな。」「違う。命乞いではない。実はたった一人の妹が明日結婚するのです。ですが、三日のうちにすべてを済ませ、必ず帰ってきます。」「馬鹿な、馬鹿な、逃がした小鳥が帰ってくるというのか。お前はとんでもない嘘つきだ。」「そうです。帰ってくるのです。王よ、必ず約束を守る。どうか、三日間だけ許してはくれまいか。」「とても信じられんな。」「そんなに私を信じられないなら、よろしい。この町にセリヌンティウスという友人がいます。彼を人質としておいていきましょう。私が帰ってこなかったら、彼を殺してください。」「ほぉー、それはおもしろい。今すぐ、その身代わりを呼ぶがよい。いいか、三日目の日没までに帰ってこい。遅れたらその身代わりをきっと殺すからな。だが、そうなったらお前の罪は永遠に許してやろう。」「何をおっしゃる?」「粋がるな。お前の心はわかっているぞ。」そして竹馬の友セリヌンティウスが召されました。

　「おお、すまぬ。セリヌンティウス。」「メロス、君はよき友だ。早く妹さんのもとへいってやりなさい。」セリヌンティウスとメロスはお互いをひっしと抱きしめました。二人の友にはそれだけで十分でした。「フン、とんだ茶番よ。」

　そして三日後の夕方、メロスはまだ来ません。処刑場にはは

りつけの柱が高々と建てられ、セリヌンティウスは徐々に吊り上げられていきます。「どうだ、もう日が暮れる。友はお前を裏切ったようだ。」「いいえ、メロスはきっと帰ってきます。私のために、そしてあなたのために。」「何?わしのため?」「あなたは悲しい方だ。人は人を信じられるからこそ尊いのです。」「はっ、だが人を信じたばかりに、お前は死ぬ。」「いいえ、これにはきっと事情があるのです。」「めでたい奴よ。どうだ。本当は奴が恨めしいのだろう。後悔しているのだろう。さあ、奴に呪いの言葉をかけてやれ。その響きによってはお前を助けてやるぞ。」「な、何をおっしゃる?私はメロスを。」「憎いか。八つ裂きにしたいか?」「私はメロスを信じています。」「まだ、いうか。さあ、もう待てん。この男を殺せ。」「メロス。」

　まさにセリヌンティウスの首に縄がかけられようとしたその時です。「セリヌンティウス。」「わー」群衆をかき分け、メロスが帰ってきました。一体、どれだけの苦難を経てたどり着いたのでしょう。服はボロボロに破れ、ほとんど裸同然です。体はどこもあざだらけで足の裏は血で真っ赤に染まっています。

　「王よ、早まるな。殺されるのは私だ。メロスだ。」彼ははりつけ台に登り、友の両足にかじりつきました。それをみて群衆は一気でどよめきました。「わー」「セリヌンティウス、すまな

かった。さあ、私を殴れ。殴ってくれ。私はここに来る途中悪い夢を見た。君を裏切ろうとしたのだ。もし、殴ってくれないなら、君と抱擁する資格がない。さあ。」「メロス。」セリヌンティウスはすべてを察し、メロスの頬を殴りました。

「メロス、今度は私を殴れ。私はさっき、たった一度だけ君を疑った。殴ってくれなければ、私も君と抱擁できない。」「セリヌンティウス。」メロスは唸りをつけてセリヌンティウスの頬を殴りました。「ありがとう。わが友よ。」

二人はひっしと抱き合い、声を放って泣きました。王は背後から二人の様をまじまじと見つめていました。そして静かに近づき、こう言いました。「私の負けだ。お前らはわしの心に勝ったのだ。真実とは空虚な妄想ではなかったのだな。これでわしはもう一度、人を信じることができそうだ。」「王よ、それでこそわれらがあるじです。」そして王は顔を赤らめて言いました。「それからどうだろう。わしもお前たちの仲間に入れてくれるのか。」群衆の間にどっと歓声が起こりました。そして一人の少女が遠慮がちにメロスに近づきました。「メロス様。」「うん?どうしたのだ?お嬢さん。」「どうか、このマントをお使いください。」少女は恥ずかしそうに真っ赤なマントを差し出しました。「なぜ、私にこれを?」まごつくメロスに友は教えました。

「メロスよ、あまりに必死で気づかなかったのかい?君はほとんど裸じゃないか。さあ、早くそのマントを着なさい。この可憐な娘さんは君の体を皆に見られるのがたまらなく悔しいんだ。」勇者メロスはひどく赤面しました。

3-1) 아래의 문장을 읽고 번역합시다.(~01:02)

メロスは/町が暗く沈んで가라앉다, 침울하다いるのを感じ、/問い물다ました。「それは/王様が人を殺すせいです。」「殺す?なぜ殺すのだ。」「人々が/悪い心を抱いていると/いうのです。」「たくさん殺したのか。」「はい、/はじめは王様の妹のお子様を、/それから皇后さまを、/大臣のアレキスさまを、/そして/民衆を。」「なんということだ。」「王は乱心か。」「いいえ、/乱心ではございません。王は/人を信ずることができないのです。今日も/六人が殺されました。」「あきれた暴君だ。生かしてはおけぬ。」

❖원문 읽기- / 표시된 부분 유의하며 읽기

❖단어 및 연어 설명

① 본문의 단어와 연어의 의미를 확인하면서 따라 읽기

　心を抱く마음을 품다/人を信ずる남을 믿다

② 단어와 연어를 불러주면 보지 않고 한국어로 해당 일본어 단어와

　연어의 의미 말하기

③ 한국어로 물으면 해당 일본어 단어를 말하기(쓰기)

❖문법 분석

① 乱心_{らんしん}ではございません은 乱心ではありません의 공손형이다. 굳이

　직역하자면 "미치지 않았사옵니다"이다.

② 人_{ひと}を信_{しん}ずることができないのです는 동사의 기본형 信ずる+こと

　ができる+ない로 분해된다. 격식 차린 가능표현이다.

③ 今日_{きょう}も/六人_{ろくにん}が殺_{ころ}されました에서 殺されました는 殺しました의 수

　동형이다.

❖번역하기 ①직역하기 ②의역하기

_____

_____

_____

❖통역하기

① 원문을 보면서 한국어로 번역해서 들려주기

② 순차통역하기(1)-원문 한 문장 듣고 한국어로 통역하기

③ 순차통역하기(2)-전체 일본어 원문을 듣고 한국어로 통역하기

④ 전체 문장을 동시통역하기

3-2) 아래의 문장을 읽고 번역합시다.(01:03~02:17)

メロスは単純な男でした。ナイフをもって/のそのそと城に入っていき/あっさりつかまりました。「王よ、/あなたは間違っておられる。」王は静かに/威厳をもって答えました。「お前などにわしの孤独がわかるか。」「何を言う。人を疑うのは/もっとも恥ずべき悪徳だ。」「だが、それが正しいと教えてくれたのは/お前たちだ。人の心などあてにはならん。」

王は無表情でつぶやき、/ため息をつきました。「わしとて/本当は平和を望んでいるのだ。」「罪のない者を殺して/何が平和か。」「黙れ、/口ではどんなきれいごとも言う。お前も今に泣いて詫びても知らんぞ。」「私は死ぬ覚悟で来ているのだ。命乞い목숨구걸などしない。今すぐ/はりつけにでもするがいい。」「何?はりつけだと。」「そうだ。いや、/ただ...。」メロスははっとして視線を落しました。

❖ 원문 읽기- / 표시된 부분 유의하며 읽기

❖ 단어 및 연어 설명

① 본문의 단어와 연어의 의미를 확인하면서 따라 읽기

威厳をもつ위엄을 가지다/人を疑う남을 의심하다/ため息をつく한숨을 쉬다/

平和を望む평화를 바라다/視線を落す시선을 떨구다

② 단어와 연어를 불러주면 보지 않고 한국어로 해당 일본어 단어와

연어의 의미 말하기

③ 한국어로 물으면 해당 일본어 단어를 말하기(쓰기)

❖ 문법 분석

① 人の心などあてにはならんにはあてにはならんはあてにならない

(믿을 수 없다, 의지할 바가 못 된다)의 회화체이다. ないが ん으로

변화하는 현상은 회화체에서 나타나는 전형적인 현상이다. 知ら

んぞ도 같은 맥락으로 설명할 수 있다. ぞ는 남성 전용의 종조사

이다.

❖번역하기 ①직역하기 ②의역하기

_____

_____

_____

_____

_____

❖통역하기

① 원문을 보면서 한국어로 번역해서 들려주기

② 순차통역하기(1)-원문 한 문장 듣고 한국어로 통역하기

③ 순차통역하기(2)-전체 일본어 원문을 듣고 한국어로 통역하기

④ 전체 문장을 동시통역하기

3-3) 아래의 문장을 읽고 번역합시다.(02:18~03:30)

「ただ、/私に情けをかけてくれるなら/処刑までに/三日の猶予を与えてほしい。」「フフフ、ハハハハハ。今までの威勢はどうしたのだ。早速命乞いをはじめよったな。」「違う。命乞いではない。実はたった一人の妹が/明日結婚するのです。ですが、/三日のうちにすべてを済ませ、/必ず帰ってきます。」

「バカな、/バカな、/逃した小鳥が帰ってくるというのか。お前はとんでもない嘘つき거짓말쟁이だ。」

「そうです。帰ってくるのです。王よ、/必ず約束を守る。どうか、/三日間だけ/許してはくれまいか。」「とても信じられんな。」「そんなに私を信じられないなら、よろしい。この町にセリヌンティウスという友人がいます。彼を/人質としておいていきましょう。私が帰ってこなかったら、/彼を殺してください。」

❖ 원문 읽기- / 표시된 부분 유의하며 읽기

❖ 단어 및 연어 설명

① 본문의 단어와 연어의 의미를 확인하면서 따라 읽기

情けをかける동정을 하다/猶予を与える유예를 부여하다/逃した小鳥놓친 작은 새/約束を守る약속을 지키다

② 단어와 연어를 불러주면 보지 않고 한국어로 해당 일본어 단어와 연어의 의미 말하기

③ 한국어로 물으면 해당 일본어 단어를 말하기(쓰기)

❖문법 분석

① 情けをかけてくれるなら에서 かけてくれる는 동사 음편형에 수수
   동사 くれる가 결합한 것이다. くれる는 남이 나에게 어떤 동작을
   해준다는 의미이며, 상대가 누구냐에 따라 정중한 표현 くださる
   로 교체될 수 있다.

❖번역하기 ①직역하기 ②의역하기

_____

_____

_____

_____

_____

❖통역하기

① 원문을 보면서 한국어로 번역해서 들려주기

② 순차통역하기(1)-원문 한 문장 듣고 한국어로 통역하기

③ 순차통역하기(2)-전체 일본어 원문을 듣고 한국어로 통역하기

④ 전체 문장을 동시통역하기

3-4) 아래의 문장을 읽고 번역합시다.(03:31~04:24)

「ほぉー、/それはおもしろい。今すぐその身代わりを呼ぶがよい。いいか、/三日目の日没までに帰ってこい。遅れたらその身代わりをきっと殺すからな。だが、そうなったらお前の罪は/永遠に許してやろう。」「何をおっしゃる言うの존경어」「粋がるな。お前の心はわかっているぞ。」そして/竹馬の友죽마고우/セリヌンティウスが召されました。

「おお、すまぬ。セリヌンティウス。」「メロス、/君はよき友だ。早く妹さんのもとへいってやりなさい。」セリヌンティウスとメロスはお互いをひっしと抱きしめました。二人の友には/それだけで十分でした。「フン、/とんだ茶番빤히 속이 들여다보임よ。」

❖ 원문 읽기- / 표시된 부분 유의하며 읽기

❖ 단어 및 연어 설명

① 본문의 단어와 연어의 의미를 확인하면서 따라 읽기

② 단어와 연어를 불러주면 보지 않고 한국어로 해당 일본어 단어와 연어의 의미 말하기

③ 한국어로 물으면 해당 일본어 단어를 말하기(쓰기)

❖문법 분석

① 粋がるな는 동사 粋がる에 금지를 나타내는 종조사 な가 결합한 것이다. "허세 떨지 마라"라는 뜻으로 번역된다.

② 抱きしめる는 "꽉 껴안다"의 의미이다. 한편 抱く는 단순히 안는다는 의미이다. 즉 전자와 후자의 동사가 지니는 의미차는 행위의 강약에서 비롯된다.

❖번역하기 ①직역하기 ②의역하기

_____

_____

_____

_____

_____

❖통역하기

① 원문을 보면서 한국어로 번역해서 들려주기

② 순차통역하기(1)-원문 한 문장 듣고 한국어로 통역하기

③ 순차통역하기(2)-전체 일본어 원문을 듣고 한국어로 통역하기

④ 전체 문장을 동시통역하기

3-5) 아래의 문장을 읽고 번역합시다.(04:25~06:04)

そして三日後の夕方、/メロスはまだ来ません。処刑場には/はりつけの柱が高々と建てられ、/セリヌンティウスは/徐々に천천히吊り上げられていきます。「どうだ、/もう日が暮れる。友はお前を裏切ったようだ。」「いいえ、メロスはきっと帰ってきます。私のために、/そして/あなたのために。」「何、/わしのため?」「あなたは悲しい方だ。人は/人を信じられるからこそ尊いのです。」

「はっ、/だが人を信じたばかりにお前は死ぬ。」「いいえ、/これにはきっと/事情があるのです。」「めでたい奴よ。どうだ。本当は奴が恨めしいのだろう。後悔しているのだろう。さあ、/奴に呪の言葉をかけてやれ。その響きによってはお前を助けてやるぞ。」「な、/何をおっしゃる。私はメロスを。」「憎いか。八つ裂きにしたいか。」「私は/メロスを信じています。」「まだ、言うか。さあ、/もう待てん。この男を殺せ。」「メロス。」

❖원문 읽기- / 표시된 부분 유의하며 읽기

❖단어 및 연어 설명

① 본문의 단어와 연어의 의미를 확인하면서 따라 읽기

   日が暮れる해가 지다/お前を裏切る너를 배신하다 奴が恨めしい놈이 원망스

   럽다/呪の言葉をかける저주의 말을 걸다

② 단어와 연어를 불러주면 보지 않고 한국어로 해당 일본어 단어와

   연어의 의미 말하기

③ 한국어로 물으면 해당 일본어 단어를 말하기(쓰기)

❖문법 분석

① 吊り上げられていきます에서 吊り上げられる는 吊り上げる의 수동

   형이다.

② 人を信じられるからこそ尊いのです에서 信じられる는 信じる의 가

   능형이다. 수동형과 가능형이 동일한데, 수동과 가능의 의미는 문

   맥으로 결정되므로 크게 염려할 필요는 없다.

③ その響きによってはお前を助けてやるぞ에서 助けてやる는 助ける

   의 음편형에 수여동사 やる가 결합한 형태이다. 즉 내가 남에게

   어떤 동작을 해 준다는 의미를 지닌다. 상대가 누구냐에 따라 あ

   げる, さしあげる로 교체된다.

❖번역하기 ①직역하기 ②의역하기

_____

_____

_____

_____

❖통역하기

① 원문을 보면서 한국어로 번역해서 들려주기

② 순차통역하기(1)-원문 한 문장 듣고 한국어로 통역하기

③ 순차통역하기(2)-전체 일본어 원문을 듣고 한국어로 통역하기

④ 전체 문장을 동시통역하기

3-6) 아래의 문장을 읽고 번역합시다.(06:05~07:24)

　まさにセリヌンティウスの首<ruby>くび</ruby>に縄<ruby>なわ</ruby>がかけられようとした/その時<ruby>とき</ruby>です。「セリヌンティウス。」「わー」群衆<ruby>ぐんしゅう</ruby>をかき分<ruby>わ</ruby>け、/メロスが帰<ruby>かえ</ruby>ってきました。一体<ruby>いったい</ruby>、どれだけの苦難<ruby>くなん</ruby>を経<ruby>へ</ruby>て/たどり着<ruby>つ</ruby>いたのでしょう。服<ruby>ふく</ruby>はボロボロに破<ruby>やぶ</ruby>れ、/ほとんど裸同然<ruby>はだかどうぜん</ruby>です。体<ruby>からだ</ruby>はどこもあざだらけ명투성이で/足<ruby>あし</ruby>の裏<ruby>うら</ruby>발바닥は/血<ruby>ち</ruby>で真<ruby>ま</ruby>っ赤<ruby>か</ruby>に染<ruby>そ</ruby>まっています。

「王よ、早まるな。殺されるのは/私だ。メロスだ。」彼ははりつけ台に登り、/友の両足にかじりつきました。それをみて/群衆は一気にどよめきました。「わー」「セリヌンティウス、/すまなかった。さあ、/私を殴れ。殴ってくれ。私はここに来る途中/悪い夢を見た。君を裏切ろう배신하다としたのだ。もし殴ってくれないなら君と抱擁する포옹하다資格がない。さあ。」「メロス。」セリヌンティウスは/すべてを察し、/メロスの頬뺨を殴りました。

❖원문 읽기- / 표시된 부분 유의하며 읽기

❖단어 및 연어 설명

① 본문의 단어와 연어의 의미를 확인하면서 따라 읽기

　縄をかける밧줄을 걸다/群衆をかき分ける군중을 헤치다/苦難を経る고난을 거치다/真っ赤に染まる새빨갛게 물들다

② 단어와 연어를 불러주면 보지 않고 한국어로 해당 일본어 단어와 연어의 의미 말하기

③ 한국어로 물으면 해당 일본어 단어를 말하기(쓰기)

❖번역하기 ①직역하기 ②의역하기

_____

_____

_____

_____

_____

❖통역하기

① 원문을 보면서 한국어로 번역해서 들려주기

② 순차통역하기(1)-원문 한 문장 듣고 한국어로 통역하기

③ 순차통역하기(2)-전체 일본어 원문을 듣고 한국어로 통역하기

④ 전체 문장을 동시통역하기

3-7) 아래의 문장을 읽고 번역합시다.(07:25~08:31)

　「メロス、今度（こんど）は私を殴れ。私はさっき、たった一度（いちど）だけ君を疑（うたが）った 의심하다。殴ってくれなければ、/私も君と抱擁（ほうよう）できない。」「セリヌンティウス。」メロスは唸（うな）りをつけて/セリヌンティウスの頬（ほお）を殴りました。「ありがとう。わが友（とも）よ。」
　二人（ふたり）は/ひっしと抱（だ）き合（あ）い、/声（こえ）を放（はな）って泣きました。王は/

背後から二人の様を/まじまじと見つめていました。そして静かに近づき、다가가다/こう言いました。「私の負けだ。お前らはわしの心に勝ったのだ。真実とは/空虚な妄想ではなかったのだな。これでわしはもう一度다시 한번人を信じることができそうだ。」「王よ、/それでこそ/われらがあるじです。」

❖원문 읽기- / 표시된 부분 유의하며 읽기

❖단어 및 연어 설명

① 본문의 단어와 연어의 의미를 확인하면서 따라 읽기

唸りをつける신음 소리를 내다/頬を殴る뺨을 때리다/声を放つ목 놓다/静かに近づく조용히 다가가다

② 단어와 연어를 불러주면 보지 않고 한국어로 해당 일본어 단어와 연어의 의미 말하기

③ 한국어로 물으면 해당 일본어 단어를 말하기(쓰기)

❖문법 분석

① 人を信じることができそうだ에서 できそうだ는 できる의 연용형

できに そうだが 결합한 것이다. 동사 연용형에 そうだが 연결되면 "할 수 있을 것 같다"라는 추량의 의미가 된다. 한편 동사의 기본형이나 종지형에 そうだが 연결되면 제3자로부터 전해듣는 전문 즉 "할 수 있다고 한다"의 의미가 된다.

❖번역하기 ①직역하기 ②의역하기

_____

_____

_____

_____

_____

❖통역하기

① 원문을 보면서 한국어로 번역해서 들려주기

② 순차통역하기(1)-원문 한 문장 듣고 한국어로 통역하기

③ 순차통역하기(2)-전체 일본어 원문을 듣고 한국어로 통역하기

④ 전체 문장을 동시통역하기

3-8) 아래의 문장을 읽고 번역합시다.(08:32~)

　そして王は/顔を赤らめて言いました。「それからどうだろう。わしも/お前たちの仲間に/入れてくれるのか。」群衆の間に/どっと歓声が起こりました。そして/一人の少女が遠慮がちにメロスに近づきました。「メロス様。」「うん?どうしたのだ、/お嬢さん。」「どうか、/このマントを/お使いください。」少女は恥ずかしそうに/真っ赤なマントを差し出しました。

　「なぜ、/私にこれを?」まごつくメロスに/友は教えました。「メロスよ、あまりに必死で気づかなかったのかい?君はほとんど裸벌거숭이じゃないか。さあ、/早くそのマントを着なさい。この可憐な娘さんは君の体を皆に見られるのがたまらなく悔しいんだ。」勇者メロスはひどく赤面얼굴이 빨개짐しました。

❖원문 읽기- / 표시된 부분 유의하며 읽기

❖단어 및 연어 설명

① 본문의 단어와 연어의 의미를 확인하면서 따라 읽기

顔を赤らめる얼굴을 붉히다/歓声が起こる환성이 일다/マントを差し出す

망토를 내밀다

② 단어와 연어를 불러주면 보지 않고 한국어로 해당 일본어 단어와
　 연어의 의미 말하기

③ 한국어로 물으면 해당 일본어 단어를 말하기(쓰기)

❖ 문법 분석

① そして/一人の少女が遠慮がちにメロスに近づきました에서 遠慮が
　 ち는 명사 遠慮에 접미어 がち가 결합한 것이다. がち는 "말이나
　 태도가 소극적인 것"을 나타낸다. 따라서 遠慮がちに는 "어렵게,
　 쭈뼛쭈뼛"으로 번역된다.

❖ 번역하기 ①직역하기　②의역하기

_____

_____

_____

_____

_____

❖통역하기

① 원문을 보면서 한국어로 번역해서 들려주기

② 순차통역하기⑴-원문 한 문장 듣고 한국어로 통역하기

③ 순차통역하기⑵-전체 일본어 원문을 듣고 한국어로 통역하기

④ 전체 문장을 동시통역하기

Unit 4 赤毛のアン(1908)

ルーシー・モード・モンゴメリ 作

(Lucy Maud Montgomery)

(1874~1942)

きくドラ 脚色

이 작품은 부모를 일찍 여의고 고아원에서 자란 가련한 소녀가 우여 곡절 끝에 농부 가정에 입양되어 새로운 삶을 살아가며 성장해가는 과정을 그린 소설이다. 험난한 인생 여정을 힘차고 긍정적으로 살아가 는 생의 모습이 잘 드러난 작품이다.

4) 먼저 본문을 들어봅시다. 아는 단어(모르는 단어)에 동그라미를 쳐 봅시다.

「お目にかかれて光栄ですわ。私はアン・シャーリ、11歳です。でも、アンていう名前ちっとも好きじゃないの。オフィーリアとかコーデリアーだったらよかったのに。あときっと私お嫁には行けないと思うの。だってこんなに赤毛なのよ。孤児院ではみんなからかうの。人参、人参、人参頭、もう一生の悲

劇なの。」

「困ったの。孤児院に頼んだのは男の子だったんじゃが。」ここはカナダのプリンス・エドワード島のある田舎道。馬車には困った顔をした農夫のマシュー。そしてとなりには真っ赤なお下げの女の子、アン。大きな瞳をきらきら輝かせ、休む間もなくマシューに話しかけています。

「おじさま、私を引き取ってくれてありがとう。ねえ、馬車って素敵だわ。まるで貴族様みたい。あ、みて小川だわ。私、夢だったの。小川の近くに暮らすのが。きっと神様が願いをかなえてくれたのね。あ、ごめんなさい。もしうるさかったらおっしゃってね。きっとできないことはないと思うわ。」

「あー、かまわんよ。好きなだけお話し。」「ハハハ、うれしいわ。私、おじさまとは気が合いそうだと思っていたの。」「ハハハ、なんて楽しい子じゃ。わしはいっぺんで好きになってしもうたわい。だが、妹が、マリラがなんというかの一。」

そんなマシューの悩みをよそにアンはしゃべり続けました。彼女は空想が大好きで春の田舎道はまさにうってつけだったのです。「あ、あの桜の木、まるで雪の女王さまみたい。キューンとしちゃうわ。」「おーそうかね。」「あ、おじさま、おじさま。この白い並木道。なんて美しいのかしら。きっとカナダ、い

え、世界一だわ。ねえ、ここなんて名前なの。」「あー名前はとくにないのー。」「だめよ、そんなの。じゃ、今私が名前をつけるわ。そうね、白き喜びの道。これでどうかしら。あら、そこには湖があるわ。みなもがきらきら光ってまるで鏡みたい。あれはそう、輝ける湖水なんてどうかしら。」道中、馬車はまるでアンの独演会でした。マシューはニコニコしながらそれを聞いています。

　やがて馬車はマシューの家。グリーンゲーブルズに到着しました。家にはマシューの妹マリラが待っています。「私、もう孤児院のアンじゃない。グリーンゲーブルズのアンになるのね。は、この扉の向こうに幸せが待っているんだわ。」「だれだい、このそばかすの女の子は?」「そんな、一生の悲劇だわ。」

　アンを見るなりマリラは怒りました。無理もありません。頼んでいたのは農作業ができる男の子だったのですから。「兄さん、男の子はどうしたの?」「まあ、まあ、マリラ、何かの手違いじゃろう。でもなかなかおもしろい子じゃよ。きっとお前のいい話し相手に。」「話し相手なんて要りません。もう兄さんったらすっかり情が移ちゃったのね。さあ、おいで、私が返してきます。」「おばさま、お願いです。ここに置いてください。私白き喜びの道も、輝ける湖水も大好きです。」「ん?何を訳のわ

からないことをいってるんだい、この子は。」

　こうしてアンは再び馬車に乗せられました。今度はマリラと二人きりです。アンはしばらくだまっていましたが、おもむろに顔を上げ、言いました。「決めたわ。あたしも馬車の旅をうんと楽しむことにします。まあ、バラがとってもきれい。私、ピンクって大好きよ。でも、ピンクの服って着られないの。だって、赤い髪にピンクは似合わないんですもの。ねえ、おばさま。赤毛の子が大人になったら金髪になった、その話聞いたことありません?」「ないね。きっとあんたも一生赤いままだよ。」「あぁ、人生って絶望ばかりね。あ、今海の匂いがしたわ。海と言えば私ね。」「ねえ、あんた。そんなにおしゃべりが好きならあんたのこと教えてくれないかい。なんで孤児院に入ったのさ。」「そんな話し退屈よ。でも、わかったわ。お話しします。私のお父さんとお母さんはね、学校の先生だったんですって。でもとっても貧乏でお母さんは私が生まれてすぐ熱病で死んじゃったの。それからお父さんも同じ病気で死んじゃった。」「まあ、そうだったのかい。」「それから親戚のおばさんに引き取られたの。でもおじさんは酒飲みで大変だった。本当は親切な人だと思うんだけど、それで8歳まではそこにいたの。でもすごく貧乏だったから孤児院に出られちゃった。」「まあ、それで、みんな

あんたを可愛がってくれたのかい?」「そうね。みんなそのつもりだったと思うわ。」アンはそれっきり黙ってしまいました。マリラもそれ以上何も聞きません。重い沈黙を乗せたまま、馬車は孤児院に着きました。

「まあ、それはとんだ手違いを。失礼しました。でも、アン。あなたは運がいいわ。いまちょうど女の子がほしいという方が見えていたの。ブレッドさん、こちらにお望みの女の子が…」「ウハハハ、これはいきの良さそうな娘だな。いいか、娘。今日からおれがご主人様だ。たっぷり可愛がってやるぞ。大きな声を出さなければなあ。ハハハ。」「さあ、ブレッドさんに挨拶なさい、アン。」「よろしくな。ハハハ。」「あの、私」「ハハハ」

「お待ち下さい。何か勘違いをされていませんか。私は手違いがあったことを報告にきただけです。」「へえ、おっ、おばさま。」「今日からこの子はうちの子です。さあ、おいで、アン。マーシュが待っているよ。」

「ただいま、おじさま。」「あ、アン。よかった、よかった。ありがとうよ。マリラ。」「おじさま、ごめんなさい。私、男の子じゃなくて。」「何をいう、1ダースの男の子よりもわしゃお前一人が好きじゃよ。」「あ、嬉しいわ。おじさま、おばさま。私、きっ

といい子になる。あの太陽と月に誓って。ホホホ。でも、まだ信じられない。もしかして全部私の空想じゃないかしら。」

「フーン、全く大袈裟な子だね。いいかい、アン。あんたはまずその大袈裟な空想とやらを何とかするんだね。」「そんな、空想しちゃだめなんて、一生の、一生の悲劇だわ。」「まあ、この子は本当に、フフフフ。」「ハハハ、フフフ、ハハハ」

グリーンゲーブルズに楽しそうな笑い声が響き渡りました。そしてその日からずっと笑い声が絶える日はなかったそうです。「ハハハ、ハハハ」

4-1) 아래의 문장을 읽고 번역합시다.(~01:27)

「お目にかかれて光栄ですわ。私/アン・シャーリ/11歳です。でも、/アンていう名前/ちっとも好きじゃないの。オフィーリアーとか/コーデリアーだったらよかったのに。あときっと/私お嫁には行けないと思うの。だってこんなに赤毛빨간머리なのよ。孤児院では/みんなからかうの。人参、/人参、/人参頭홍당무머리、/もう/一生の悲劇なの。」

「困ったのー。孤児院に頼んだのは/男の子だったんじゃが。」ここは/カナダのプリンス・エドワード島の/ある田舎道시

❖원문 읽기– / 표시된 부분 유의하며 읽기

❖단어 및 연어 설명

① 본문의 단어와 연어의 의미를 확인하면서 따라 읽기

孤児院に頼む고아원에 의뢰하다/困った顔불편한 얼굴, 곤혹스러운 얼굴/休む

間もなく쉴 틈도 없이

② 단어와 연어를 불러주면 보지 않고 한국어로 해당 일본어 단어와

연어의 의미 말하기

③ 한국어로 물으면 해당 일본어 단어를 말하기(쓰기)

❖문법 분석

① オフィーリアーとか/コーデリアーだったらよかったのにに서 よか

ったのには よい의 과거형에 のに가 결합한 것이다. のには 말하는

이의 후회를 나타낸다. 따라서 よかったのには "했더라면 좋았을

걸"로 번역할 수 있다.

② あときっと/私お嫁には行けないと思うの에서 行けない는 동사 기
본형 行く의 가능동사 行ける에 부정 형태소 ない가 연결된 것이
다. 行ける와 行くことができる는 가능의 의미를 나타낸다는 점에
서 공통점을 지니지만, 후자가 격식을 차린 표현이라는 점에서 전
자의 비격식체 즉 회화체와는 구별된다.

③ 大きな瞳をきらきら輝かせ에서 輝かせ(る)는 輝く의 사역형이다.

❖번역하기 ①직역하기 ②의역하기

_____

_____

_____

_____

❖통역하기

① 원문을 보면서 한국어로 번역해서 들려주기

② 순차통역하기(1)-원문 한 문장 듣고 한국어로 통역하기

③ 순차통역하기(2)-전체 일본어 원문을 듣고 한국어로 통역하기

④ 전체 문장을 동시통역하기

「おじさま、/私を引き取ってくれてありがとう。ねえ、/馬車って素敵だわ。まるで貴族様みたい。あ、みて、/小川だわ。私夢だったの。小川の近くに暮すのが。きっと/神様が願いをかなえてくれたのね。あ、/ごめんなさい。もしうるさかったらおっしゃって言うの 존경어ね。きっと/できないことはないと思うわ。」

「あー、かまわんよ。好きなだけお話し。」「ハハハ、うれしいわ。私、おじさまとは気が合いそうだと思っていたの。」「ハハハ、/なんて楽しい子じゃ。わしは/いっぺんで好きになってしもうたわい。だが妹が、/マリラがなんというのかの―。」

❖원문 읽기- / 표시된 부분 유의하며 읽기

❖단어 및 연어 설명

① 본문의 단어와 연어의 의미를 확인하면서 따라 읽기

　私を引き取る나를 받아주다/願いをかなえる소원을 이루다

② 단어와 연어를 불러주면 보지 않고 한국어로 해당 일본어 단어와 연어의 의미 말하기

③ 한국어로 물으면 해당 일본어 단어를 말하기(쓰기)

① 馬車って素敵だわ에서 馬車って는 馬車というのは의 회화체이다.

② なんて楽しい子じゃ에서 じゃ는 だろう의 노인어이다. 실제 회화

에서 사용하는 사람은 없다.

③ わしは/いっぺんで好きになってしもうたわい에서 わし는 わたし의 노

인어이다. 好きになってしもうたわい는 好きになってしまった의 노인

어이다.

❖번역하기 ①직역하기 ②의역하기

_____

_____

_____

_____

_____

❖통역하기

① 원문을 보면서 한국어로 번역해서 들려주기

② 순차통역하기(1)-원문 한 문장 듣고 한국어로 통역하기

③ 순차통역하기(2)-전체 일본어 원문을 듣고 한국어로 통역하기

④ 전체 문장을 동시통역하기

4-3) 아래의 문장을 읽고 번역과 통역을 합시다.(02:21~03:40)

　そんなマシューの悩み_{고민}をよそに/アンはしゃべり続けました。彼女は/空想が大好きで/春の田舎道は/まさにうってつけだったのです。「あ、/あの桜の木、/まるで雪の女王様みたい。キューンとしちゃうわ。」「おーそうかね。」「あ、/おじさま、/おじさま。この白い並木道_{가로수길}。なんて美しいのかしら。きっと/カナダ、/いえ、/世界一だわ。

　ねえ、/ここ/なんて名前なの。」「あー、/名前は/とくにないのー。」「だめよ、そんなの。じゃ今/私が名前をつけるわ。そうね、/白き喜びの道。これでどうかしら。あら、/そこには湖があるわ。みなもがきらきら光って/まるで鏡みたい。あれは/そう、/輝ける湖水/なんてどうかしら。」道中、/馬車はまるで/アンの独演会でした。マシューはニコニコ_{방긋방긋}しながらそれを聞いています。

❖원문 읽기- / 표시된 부분 유의하며 읽기

❖ 단어 및 연어 설명

① 본문의 단어와 연어의 의미를 확인하면서 따라 읽기

名前をつける이름을 붙이다/きらきら光る반짝반짝 빛나다

② 단어와 연어를 불러주면 보지 않고 한국어로 해당 일본어 단어와
연어의 의미 말하기

③ 한국어로 물으면 해당 일본어 단어를 말하기(쓰기)

❖ 문법 분석

① そんなマシューの悩みをよそに/アンはしゃべり続けました에서 を
よそには "～아랑곳하지 않고"로 번역된다. しゃべり続けました는
しゃべる의 연용형에 続ける가 결합한 것으로 어떤 행위가 계속되
는 것을 나타낸다.

② キューンとしちゃうわ는 キューンとしてしまうわ의 축약형이다. 회
화에서 사용된다.

③ きらきら光って/まるで鏡みたい에서 鏡みたい는 鏡のようだ의 회화
체이다. みたい는 주로 여성들이나 아이들이 사용한다.

④ 輝ける湖水/なんてどうかしら에서 かしら는 여성들이 사용하는 의
문 종조사이다.

❖번역하기 ①직역하기 ②의역하기

_____

_____

_____

_____

_____

❖통역하기

① 원문을 보면서 한국어로 번역해서 들려주기

② 순차통역하기⑴-원문 한 문장 듣고 한국어로 통역하기

③ 순차통역하기⑵-전체 일본어 원문을 듣고 한국어로 통역하기

④ 전체 문장을 동시통역하기

4-4) 아래의 문장을 읽고 번역과 통역을 합시다.(03:41~05:24)

やがて/馬車はマシューの家。グリーンゲーブルズに到着し
ました。家には/マシューの妹/マリラが待っています。「私、/も
う/孤児院のアンじゃない。グリーンゲーブルズのアンになるの
ね。は、/この扉の向うに/幸せが待っているんだわ。」「誰だ

い?このそばかすの女の子は?」「そんな、/一生(いっしょう)の悲劇(ひげき)だわ。」

アンを見るなり보자마자/マリラは怒(おこ)りました。無理もありません。頼(たの)んでいたのは/農作業(のうさぎょう)ができる/男の子だったのですから。「兄さん、/男の子はどうしたの?」「まあ、まあ、マリラ、何かの手違(てちが)い착오じゃろう。でも/なかなかおもしろい子じゃよ。きっと/お前のいい話(はな)し相手(あいて)이야기 상대に。」「話し相手なんて要(い)りません。もう兄(にい)さんったら/すっかり情(じょう)が移(うつ)ちゃったのね。さあ、おいで、私(かえ)が返してきます。」「おばさま、お願(ねが)いです。ここに置(お)いてください。私白(しろ)き喜(よろこ)びの道も、/輝(かがや)ける湖水(こすい)も大好(だいす)きです。」

「ん?何(なに)を訳(わけ)のわからないことをいってるんだい、/この子は。」

❖원문 읽기- / 표시된 부분 유의하며 읽기

❖단어 및 연어 설명

① 본문의 단어와 연어의 의미를 확인하면서 따라 읽기

　　幸せが待つ행복이 기다리다/情が移る정이 들다

② 단어와 연어를 불러주면 보지 않고 한국어로 해당 일본어 단어와 연어의 의미 말하기

③ 한국어로 물으면 해당 일본어 단어를 말하기(쓰기)

❖문법 분석

① まあ、まあ、マリラ、何かの手違（てちが）いじゃろうから で じゃろうは だろう의 노인어이다.

② でも/なかなかおもしろい子じゃよ에서 じゃよ는 だよ의 노인어 이다.

③ もう兄（にい）さんったら/すっかり情（じょう）が移（うつ）ちゃったのね에서 もう兄（にい）さんったら 는 もう兄（にい）さんは의 강조체이다. 移（うつ）ちゃった는 移（うつ）ってしまった의 축약 형이다.

❖번역하기 ①직역하기 ②의역하기

_____

_____

_____

_____

_____

❖통역하기

① 원문을 보면서 한국어로 번역해서 들려주기

② 순차통역하기(1)-원문 한 문장 듣고 한국어로 통역하기

③ 순차통역하기(2)-전체 일본어 원문을 듣고 한국어로 통역하기

④ 전체 문장을 동시통역하기

4-5) 아래의 문장을 읽고 번역과 통역을 합시다. (05:25~07:14)

こうしてアンは/再び馬車に乗せられました。今度は/マリラと二人きりです。アンはしばらくだまっていましたが、/おもむろに顔を上げ、/言いました。「決めたわ。あたしも/馬車の旅を/うんと楽しむ즐기다ことにします。まあ、バラがとってもきれい。私、ピンクって大好きよ。でも、/ピンクの服って着られないの。だって、赤い髪にピンクは似合わないんですもの。ねえ、おばさま。赤毛の子が/大人になったら金髪になった、その話し聞いたことありません?」「ないね。きっとあんたも一生赤いままだよ。」「あぁ、人生って/絶望ばかりね。

あ、/今、海の匂いがしたわ。海と言えば私ね。」「ねえ、あんた。そんなにおしゃべりが好きなら/あんたのこと教えてくれないかい。なんで孤児院に入ったのさ。」「そんな話し/退屈지루함よ。でも、/わかったわ。お話しします。私の/お父さんとお母さんはね、/学校の先生だったんですって。でも、/とっても貧乏で/お母さんは/私が生まれてすぐ태어나자마자/熱病で死んじゃったの。それから/お父さんも/同じ病気で死んじゃった。」

❖원문 읽기- / 표시된 부분 유의하며 읽기

❖단어 및 연어 설명

① 본문의 단어와 연어의 의미를 확인하면서 따라 읽기

　顔を上げる얼굴을 들다/匂いがする냄새가 나다

② 단어와 연어를 불러주면 보지 않고 한국어로 해당 일본어 단어와

　연어의 의미 말하기

③ 한국어로 물으면 해당 일본어 단어를 말하기(쓰기)

❖문법 분석

① こうしてアンは / 再び馬車に乗せられましたに서 乗せられました는

　乗せました의 수동형이다. 자발적으로 마차에 탄 것이 아니라 자

　신의 의지에 반해서 억지로 마차에 올라탔다는 의미로 번역할 수

　있다.

② ピンクの服って着られないの에서 着られない는 가능의 의미로 번

　역되므로 着れない로도 표시할 수도 있다. 가능의 의미가 없다면

　着れない로 표시할 수 없다.

③ 熱病で死んじゃったの는 死んでしまったの의 축약형이다.

❖번역하기 ①직역하기 ②의역하기

_____

_____

_____

_____

❖통역하기

　① 원문을 보면서 한국어로 번역해서 들려주기

　② 순차통역하기(1)-원문 한 문장 듣고 한국어로 통역하기

　③ 순차통역하기(2)-전체 일본어 원문을 듣고 한국어로 통역하기

　④ 전체 문장을 동시통역하기

4-6) 아래의 문장을 읽고 번역과 통역을 합시다.(07:15~09:29)

　「まあ、/そうだったのかい。」「それから/親戚のおばさんに引き取られたの。でも/おじさんは酒飲み술주정뱅이で大変だった。本当は親切な人だと思うんだけど、/それで/8歳まではそこにいたの。でも/すごく貧乏だったから/孤児院に出られちゃった。」「まあそれで、/みんな/あんたを可愛がってくれたのかい?」「そうね。みんな/そのつもりだったと思うわ。」アンはそ

れっきり/黙<ruby>だま</ruby>ってしまいました。マリラもそれ以上<ruby>いじょう</ruby>/何も聞きませ
ん。重い沈黙<ruby>ちんもく</ruby>を乗<ruby>の</ruby>せたまま、/馬車は/孤児院<ruby>こじいん</ruby>に着<ruby>つ</ruby>きました。
　「まあそれはとんだ手違<ruby>てちが</ruby>いを。失礼<ruby>しつれい</ruby>しました。でもアン。あ
なたは運がいいわ。いまちょうど/女の子がほしいという方<ruby>かた</ruby>が
見えて来る의 높임말いたの。ブレッドさん、/こちらにお望<ruby>のぞ</ruby>みの女
の子が...」「ウハハハ、/これは/息<ruby>いき</ruby>の良<ruby>よ</ruby>さそうな娘<ruby>むすめ</ruby>だな。いい
か娘。今日から/おれがご主人様<ruby>しゅじんさま</ruby>주인님だ。たっぷり可愛<ruby>かわい</ruby>がって
やるぞ。大きな声<ruby>こえ</ruby>を出<ruby>だ</ruby>さなければなあ。ハハハ。」「さあ、/ブ
レッドさんに挨拶<ruby>あいさつ</ruby>なさい、アン。」「よろしくな。ハハハ。」「あ
の、私」「ハハハ」

❖원문 읽기- / 표시된 부분 유의하며 읽기

❖단어 및 연어 설명

① 본문의 단어와 연어의 의미를 확인하면서 따라 읽기

運がいい운이 좋다/声を出す소리를 내다

② 단어와 연어를 불러주면 보지 않고 한국어로 해당 일본어 단어와
연어의 의미 말하기

③ 한국어로 물으면 해당 일본어 단어를 말하기(쓰기)

❖문법 분석

① でも/すごく貧乏(びんぼう)だったから/孤児院(こじいん)に出られちゃったで서 出られち
ゃったは 出られてしまった의 축약형이다. 직역하면 "하지만, 매우
가난해서 고아원으로 나가져버렸다."가 되는데 한국어가 매우 어
색해지므로 "하지만, 매우 가난해서 고아원에 들어가고 말았어."
로 의역할 필요가 있다.

② 大きな声(こえ)を出(だ)さなければなあ에서 声(こえ)を出(だ)さなければは 声(こえ)を出(だ)さ
なければいい의 축약형이다. "큰 소리만 안 내면 돼"로 번역하면
된다. 声(こえ)を出(だ)さなければならない로 번역하지 않도록 주의할 것.

❖번역하기 ①직역하기 ②의역하기

_____

_____

_____

_____

_____

❖통역하기

① 원문을 보면서 한국어로 번역해서 들려주기

② 순차통역하기(1)-원문 한 문장 듣고 한국어로 통역하기

③ 순차통역하기(2)-전체 일본어 원문을 듣고 한국어로 통역하기

④ 전체 문장을 동시통역하기

4-7) 아래의 문장을 읽고 번역과 통역을 합시다.(09:30~)

「お待ち下さい。何か/勘違い착각をされていませんか。私は手違い착오があったことを報告に来ただけです。」「へえ、/おっ、おばさま。」「きょうから/この子はうちの子です。さあ、おいで、アン。マーシュが待っているよ。」

「ただいま、/おじさま。」「あ、/アン。よかった、/よかった。ありがとうよ。マリラ。」「おじさま、/ごめんなさい。私、/男の子じゃなくて。」「何をいう。1ダースの男の子よりも/わしゃ私は의 노인어/お前一人が好きじゃよ。」「あ、/嬉しいわ。おじさま、/おばさま。私、/きっといい子になる。あの太陽と/月に誓って。ホホホ。でもまだ信じられない。もしかして全部/私の空想じゃないかしら。」「フーン、/全く/大袈裟な 오버가 심하다子だね。いいかいアン。あんたはまず/その大袈裟な空想とやらを/何とかするんだね。」「そんな、/空想しちゃだめなん

て、/一生の、/一生の悲劇だわ。」「まあ、/この子は本当に、

フフフフ。」「ハハハ、フフフ、ハハハ」

　グリーンゲーブルズに/楽しそうな笑い声が響き渡りまし

た。そしてその日からずっと/笑い声が絶える日は/なかったそ

うです。「ハハハ、ハハハ」

❖원문 읽기- / 표시된 부분 유의하며 읽기

❖단어 및 연어 설명

① 본문의 단어와 연어의 의미를 확인하면서 따라 읽기

笑い声が響き渡る웃는 소리가 울려퍼지다/笑い声が絶える日웃는 소리가 끊기

는 날

② 단어와 연어를 불러주면 보지 않고 한국어로 해당 일본어 단어와

연어의 의미 말하기

③ 한국어로 물으면 해당 일본어 단어를 말하기(쓰기)

❖ 문법 분석

① そんな、/空想しちゃだめなんて에서 空想しちゃだめ는 空想しては
だめ의 회화체이다. 空想してはだめ는 空想してはいけない、空想し
てならない 등의 교체형을 지닌다.

❖ 번역하기 ①직역하기 ②의역하기

_____

_____

_____

_____

_____

❖ 통역하기

① 원문을 보면서 한국어로 번역해서 들려주기

② 순차통역하기(1)-원문 한 문장 듣고 한국어로 통역하기

③ 순차통역하기(2)-전체 일본어 원문을 듣고 한국어로 통역하기

④ 전체 문장을 동시통역하기

Unit 5　少女地獄(1934年)

夢野久作 作

(1889~1936)

きくドラ 脚色

한 사람의 간호사를 통해 헛된 공상, 거짓말이 얼마나 무서운 결과를 낳는지를 잘 보여주는 작품이다. 환자들에게는 환영받는 간호사이지만, 동시에 난폭, 거짓, 강요를 일삼는 이중인격자이기도 하다. 결국 헛된 공상, 거짓말로 인해 파국의 길로 접어드는데….

5) 먼저 본문을 들어봅시다. 아는 단어(모르는 단어)에 동그라미를 쳐 봅시다.

彼女を殺したのは空想です。彼女を生かしたのも空想です。みなさん、どうか彼女のために祈ってください。「あの、こちらの病院では看護婦がご要りようではございませんか。」彼女が私の病院に来たのは昭和8年5月のことであった。「私、姫草ユリ子と申します。実家は青森で造り酒屋をしておりますの。いえ、そんな、裕福というほどでも...。少し前まで信濃町のK大

病院におりました。」

　姫草ユリ子はその名の通り、可憐で清浄無垢。私は彼女の容姿と小鳥のようないじらしさにいっぺんで吸い寄せられてしまった。「今19ですの。使っていただけますか。」翌日からユリ子は病院にいた。どうやら、K大病院にいたというのは本当らしい。看護婦としての腕前は申し分なかった。「ユリ子さん、あんたをみてると、病気も吹っ飛んじまうよ。」「退院したら、きっと手紙書きますね。」「いやだい。ずっとユリちゃんと病院にいるんだい。」さらにその外交手腕ときたら、われわれ凡俗の及ぶところではない。患者たちは一から十まで彼女に殺到した。「ユリ子さん、ユリ子さん、ユリ子さん。」「はい、今参ります。」私がみたところ、彼女は模範的看護婦、そして病院のマスコットであった。そう、私のみたところでは。

　「あの、先生。私、怖いんです。ユリ子さんが。あの人、とんでもない嘘つきです。」それは山内という看護婦であった。山内は病院のユリ子と同じ部屋で寝起きしていた。「ユリ子さん、私にはとても横暴で身の回りのこと全部押し付けて。」「あんた、先生に喋ったら承知しないよ。」「私、ユリ子さんが一人でいるのを隠れてみていたんです。そうしたら。」「アハ、現実なんてつまらない。死にたい、死にたいね。」「その顔と

きたら、目じりに小じわがいっぱい。」猫背で貧乏くさくてきっと19歳というのも、実家が裕福というのも嘘です。」私は好景気に浮かれ、山内の言葉をすぐに忘れた。

ユリ子はわが病院のマスコットだ。多少裏表があろうと問題ない。そう思っていた。「ウフフフ。先生ったら、本当に手術がお上手。それに素敵にお早いわ。K大の白鷹教授みたい。」ある時、ユリ子の口から懐かしい名前を聞いた。白鷹とはK大にその人ありと言われる名医である。彼女はおべっかのつもりでその名を出したのだろう。だが、彼は私の母校の大先輩である。かねてから一度お目にかかりたいと思っていた。「えっ、そうでしたの?私、教授には可愛がっていただいて。ウフ。私、あの方が大好き。ウフフフ。えっ、私が先生に教授をご紹介?でも、看護婦風情が失礼じゃございません?」

私は頭を一つ下げ、仲介を頼んだ。すると、彼女は妙に薄暗い恨めしそうな表情を見せた。「え、私でよければお引き合わせしますけど。ウフフフ、ウフフフ。まあ、なんて光栄なんでしょう。私なんかが大好きなお二人の間に。ウフフ、ララララ、ウフフフ。」彼女は突然上機嫌になり、ぴょんぴょんはねながら去っていった。だが、私はその時戦慄を覚えた。彼女の瞳に一種の色情魔のような怪しい光を見つけたのだ。

そしてそれからすぐにユリ子の仲立ちで白鷹教授との交流が始まった。「あ、もしもし白鷹だがね、や、ご無沙汰、ご無沙汰、ご無沙汰。景気はどうだい?奥さんは?結構、結構、アハハハ。」教授を紹介されて数か月が経った。だが、よほどめぐりあわせが悪いのか直接会ったことはまだ一度もない。「や、この間はすまなかった。急患で忙しくてね。まいった、まいった。あ、そう、そう。歌舞伎座の切符が手に入ってね。日曜の午後1時、銀座のカフェで待っとるよ。それじゃ。」教授はいつも私に一言もしゃべらせず、一方的に電話を切る。そして約束当日になると、「あ、先生、先ほど教授からお電話が。風邪を引いたとかで、今日は会えないそうです。」そして翌日謝罪の手紙とお詫びのカステラなどが届くのである。

　鈍感な私はそれをすっかり信じ、その都度恐縮をしていた。だが、「ユリ子さんはとんでもない嘘つきです。」私は山内のことばを思い出した。そして調べてみたところ、この電話も手紙もユリ子が彼女を慕う患者に頼んでいたことがわかった。だが、全く分からない。なぜ、こんな手のこんだ嘘をつく?私はユリ子を呼び出し問いただした。「アハハハハ、先生、ごめんなさい。私、先生を思って先生が白鷹教授を尊敬なさっていると聞いて絶対に会わせちゃいけないって思ったんです。実

は私、K大にいた時、白鷹教授に、あの人に襲われたんです。宿直の夜、何度も何度も。私もちろん拒みましたわ。そうしたらおかしな噂を立てられてK大にいられなくなったんです。ねえ、先生。私、苦しかったんですのよ。こんなお話しお聞かせしたくなかった。アア、アフフフ、アハアーン。」

　次第に私の中で可憐なユリ子の姿がまるでレントゲンのように醜い骸骨に変貌していった。高揚し雄弁に語るその瞳には例の怪しい光が爛々と燃え盛っている。それは妖美とも凄艶とも形容できない情欲の光であった。「信じてください。私、嘘なんか、ウフ、ア〜アハ、ア〜ハハ〜」後日、私はK大病院を訪れ、本当の白鷹教授と面会した。そしてユリ子の告白が全くの事実無根であることを確認した。それからユリ子は人知れず姿を消した。やがてある日、ユリ子から手紙が届いた。「親愛なる先生、少女の真心を信じてもらえないこの世に望みはありません。私、姫草ユリ子は自殺いたします。」姫草ユリ子は嘘の天才であった。おそらくその名も偽名であろう。彼女の過去に何があったかはわからない。だが、彼女はそれを否定し虚構の自分を作り上げた。その虚構を信じさせることに無上の喜びを感じた。そして遂にその虚構を真実にするため、命を絶ったのだ。

「ユリちゃん、どこ?ユリ子さん、どこへ行っちゃった?」今なお彼女を尋ねる患者が後を絶たない。彼女を殺したのは空想です。彼女を生かしたのも空想です。みなさん、どうか彼女のために祈ってください。

5-1) 아래의 문장을 읽고 번역과 통역을 합시다.(~02:11)

彼女を殺したのは/空想です。彼女を生かしたのも/空想です。みなさん、/どうか/彼女のために/祈ってください。

「あの、/こちらの病院では/看護婦が/ご要りようではございませんか。」彼女が私の病院に来たのは/昭和8年/5月のことであった。「私、/姫草ユリ子と申します。実家친정, 본가は青森で造り酒屋をしておりますの。いえ、そんな、/裕福というほどでも…。少し前まで信濃町のK大病院におりました。」

姫草ユリ子はその名の通り대로、/可憐で/清浄無垢。私は彼女の容姿자태, 모습と/小鳥のようないじらしさに/いっぺんで吸い寄せられてしまった빨아들이다。「今19ですの。使っていただけますか。」翌日이튿날から/ユリ子は病院にいた。どうやら、/K大病院にいたというのは/本当らしい。看護婦としての腕前솜씨は/申し分なかった나무랄 데 없다。「ユリ子さん、/あんたをみ

てると、/病気も吹っ飛んじまうよ_{날라가버리다.}」「退院したら、
/きっと/手紙書きますね。」「いやだい、/ずっとユリちゃんと
病院にいるんだい。」

❖ 원문 읽기- / 표시된 부분 유의하며 읽기

❖ 단어 및 연어 설명
① 본문의 단어와 연어의 의미를 확인하면서 따라 읽기
② 단어와 연어를 불러주면 보지 않고 한국어로 해당 일본어 단어와
연어의 의미 말하기
③ 한국어로 물으면 해당 일본어 단어를 말하기(쓰기)

❖ 문법 분석
① ユリ子さん、/あんたをみてると、/病気も吹っ飛んじまうよ에서 吹っ
飛んじまうよ는 吹っ飛んでしまうよ의 축약형으로 전형적인 회화
체이다.

_____

_____

_____

_____

❖통역하기

① 원문을 보면서 한국어로 번역해서 들려주기

② 순차통역하기⑴-원문 한 문장 듣고 한국어로 통역하기

③ 순차통역하기⑵-전체 일본어 원문을 듣고 한국어로 통역하기

④ 전체 문장을 동시통역하기

5-2) 아래의 문장을 읽고 번역과 통역을 합시다.(02:12~04:28)

さらにその外交手腕외교수완ときたら、/われわれ凡俗の及ぶ

ところではない。患者たちは/一から十まで하나에서 열까지/彼女に

殺到した。「ユリ子さん、ユリ子さん、ユリ子さん。」「はい、今

参ります。」私がみたところ、/彼女は模範的看護婦、/そして/

病院のマスコットであった。そう、/私のみたところでは내가 본 바로

는。「あの、先生。私、/怖いんです。ユリ子さんが。あの人、/とん

でもない嘘つきです。」それは山内という/看護婦であった。

山内は病院の/ユリ子と同じ部屋で/寝起きしていた먹고 자다.

「ユリ子さん、私にはとても横暴で흉폭하다/身の回り신변의 こと

全部押し付けて자기 뜻에 맞추도록 강요하다。」「あんた、/先生にしゃべ

ったら/承知しないよ。」「私、/ユリ子さんが一人でいるのを/隠

れてみていたんです。そうしたら。」「アハ、現実なんて/つまら

ない。死にたい、/死にたいね。」「その顔ときたら、그 얼굴을 말하자

면/目尻눈꼬리に小じわ잔주름がいっぱい。」猫背새우등で/貧乏くさく

て빈티나다/きっと/19歳というのも、/実家が裕福というのも/嘘で

す。」私は/好景気に浮かれ、/山内の言葉を/すぐに忘れた。

❖ 원문 읽기- / 표시된 부분 유의하며 읽기

❖ 단어 및 연어 설명

① 본문의 단어와 연어의 의미를 확인하면서 따라 읽기

　　隠れてみる숨어서 보다/好景気に浮かれる호경기에 들뜨다

② 단어와 연어를 불러주면 보지 않고 한국어로 해당 일본어 단어와

　　연어의 의미 말하기

③ 한국어로 물으면 해당 일본어 단어를 말하기(쓰기)

❖ 문법 분석

① その外交手腕ときたら "그 외교수완으로 말할 것 같으면"으로 번

역된다.

② われわれ凡俗の及ぶところではない "우리들과 같이 평범한 사람

들이 미칠 바가 아니다, 즉 아무나 하지 못 한다"로 번역된다.

❖ 번역하기 ①직역하기 ②의역하기

_____

_____

_____

_____

❖ 통역하기

① 원문을 보면서 한국어로 번역해서 들려주기

② 순차통역하기(1)-원문 한 문장 듣고 한국어로 통역하기

③ 순차통역하기(2)-전체 일본어 원문을 듣고 한국어로 통역하기

④ 전체 문장을 동시통역하기

5-3) 아래의 문장을 읽고 번역과 통역을 합시다.(04:29~06:00)

　ユリ子は/わが病院のマスコットだ。多少裏表[たしょううらおもて]があろうと問題ない。そう/思っていた。「ウフフフ。先生ったら、/本当に手術[しゅじゅつ]がお上手。それに素敵[すてき]に멋지다お早いわ。K大の/白鷹[しらたか]教授[きょうじゅ]みたい。」ある時、/ユリ子の口から/懐[なつ]かしい名前を聞いた。白鷹とは/K大にその人あり/と言われる名医[めいい]である。彼女は/おべっかのつもりでその名[な]を出したのだろう。だが、彼は/私の母校[ぼこう]の大先輩[だいせんぱい]である。かねてから일찍부터/一度[いちど]お目にかかりたいと会う의 겸손 표현/思っていた。「えっ、そうでしたの?私、教授には可愛[かわい]がっていただいて。ウフ。私、/あの方が大好き。ウフフフ。えっ、/私が/先生に/教授を/ご紹介[しょうかい]?でも、/看護婦[かんごふ]風情[ふぜい]が/失礼じゃございません?」

❖ 원문 읽기- / 표시된 부분 유의하며 읽기

❖ 단어 및 연어 설명

① 본문의 단어와 연어의 의미를 확인하면서 따라 읽기

　　名を出す이름을 대다

② 단어와 연어를 불러주면 보지 않고 한국어로 해당 일본어 단어와

연어의 의미 말하기

③ 한국어로 물으면 해당 일본어 단어를 말하기(쓰기)

❖문법 분석

① 多　少裏表<small>たしょううらおもて</small>があろうと에서 あろうと는 ある의 의지형에 と가 결합한 것이다. "다소 표리가 있더라도"로 번역된다.

② 私、教授には可愛<small>かわい</small>がっていただいて에서 可愛<small>かわい</small>がっていただいて는 可愛い(귀엽다)의 어간＋がる＋いただく가 결합한 것이다. がる는 제3자의 심경을 표현한다. いただく는 수수동사인데 교체형으로 もらう가 있다. 직역하면 "저, 교수님에게는 귀여워해 받아서"인데 보다시피 한국어가 매우 어색하다. "교수님께서 저를 귀여워해 주셔서"로 의역할 필요가 있다.

❖번역하기 ①직역하기　②의역하기

_____

_____

_____

_____

_____

❖통역하기

① 원문을 보면서 한국어로 번역해서 들려주기

② 순차통역하기(1)-원문 한 문장 듣고 한국어로 통역하기

③ 순차통역하기(2)-전체 일본어 원문을 듣고 한국어로 통역하기

④ 전체 문장을 동시통역하기

5-4) 아래의 문장을 읽고 번역과 통역을 합시다.(06:01~08:07)

私は頭を一つ下げ、/仲介を頼んだ。すると그러자、彼女は/妙に薄暗い/恨めしそうな表情を見せた。「え、/私でよければ/お引き合わせしますけど。ウフフフ、ウフフフ。まあ、/なんて光栄なんでしょう。私なんかが/大好きなお二人の間に。ウフフフ、ラララ、ウフフフ。」彼女は突然/上機嫌になり기분이 좋아져、/ピョンピョンはねながら/去っていった。だが、私はその時/戦慄を覚えた。彼女の瞳눈동자に/一種の色情魔のような/怪しい光を/見つけたのだ。

　そしてそれからすぐに/ユリ子の仲立ちで중개로/白鷹教授との交流が始まった。「あ、もしもし白鷹だがね、やあ、ご無沙汰무소식、ご無沙汰、ご無沙汰。景気はどうだい?奥さんは?結構좋음、/結構、アハハハ。」教授を紹介されて/数ヵ月が経った。だが、/よほどめぐりあわせが悪いのか/直接会ったことは/ま

だ一度もない。「や、この間はすまなかった。急患_{위급한 환자で}
忙しくてね。まいった、まいった。あ、そう、そう。歌舞伎座_가
부키를 상연하는 극장の切符が手に入ってね。日曜の午後1時、銀座
のカフェで/待っとるよ。それじゃ。」

❖원문 읽기- / 표시된 부분 유의하며 읽기

❖단어 및 연어 설명

① 본문의 단어와 연어의 의미를 확인하면서 따라 읽기

頭を下げる머리를 숙이다/仲介を頼む중개를 부탁하다/表情を見せる표정을 보이

다/ピョンピョンはねる깡충깡충 뛰다/戦慄を覚える전율을 외우다/光を見つ

ける빛을 발견하다/交流が始まる교류가 시작되다/数カ月が経つ수개월이 지나다

② 단어와 연어를 불러주면 보지 않고 한국어로 해당 일본어 단어와

연어의 의미 말하기

③ 한국어로 물으면 해당 일본어 단어를 말하기(쓰기)

❖문법 분석

① え、/私でよければ/お引き合わせしますけどで お引き合わせしま

すけどは お＋引き合わせ＋します＋けどで 引き合わせますけどの 겸양표현이다. 굳이 직역하자면 "소개하겠사옵니다만"

❖번역하기 ①직역하기 ②의역하기

_____

_____

_____

_____

❖통역하기

① 원문을 보면서 한국어로 번역해서 들려주기

② 순차통역하기(1)-원문 한 문장 듣고 한국어로 통역하기

③ 순차통역하기(2)-전체 일본어 원문을 듣고 한국어로 통역하기

④ 전체 문장을 동시통역하기

教授はいつも/私に一言もしゃべらせず、/一方的に電話を

切る。そして/約束当日になると、/「あ、/先生、/先ほど教授か

らお電話が。風邪を引いたとかで、감기가 들었다면서/今日は会え

ないそうです。」そして翌日/謝罪の手紙と/お詫びのカステラ

などが届くのである。

鈍感な私は/それをすっかり信じ、/その都度그럴 때마다/恐縮を

していた。だが、/「ユリ子さんは/とんでもない嘘つきです。」

私は/山内のことばを思い出した。そして/調べてみたところ、/こ

の電話も/手紙も/ユリ子が/彼女を慕う흠모하다患者に/頼んでい

たことがわかった。だが、/全く分からない。なぜ、/こんな手の

こんだ嘘をつく。私は/ユリ子を呼び出し/問いただした。

❖원문 읽기- / 표시된 부분 유의하며 읽기

❖단어 및 연어 설명

① 본문의 단어와 연어의 의미를 확인하면서 따라 읽기

電話を切る전화를 끊다/風邪を引く감기 걸리다/すっかり信じる단단히 믿다/

恐縮をする황송해 하다/嘘をつく거짓말을 하다

② 단어와 연어를 불러주면 보지 않고 한국어로 해당 일본어 단어와

　연어의 의미 말하기

③ 한국어로 물으면 해당 일본어 단어를 말하기(쓰기)

❖문법 분석

① 教授はいつも/私に一言_{ひとこと}もしゃべらせずで から しゃべらせず는 しゃべ

　る의 사역형 어간에 문어체의 부정 형태소 ず가 결합한 것이다.

　번역하면 "교수는 늘 나에게 한마디도 시키지 않고"

② 調_{しら}べてみたところ "조사해보았더니"로 번역할 수 있다.

❖번역하기 ①직역하기 ②의역하기

_____

_____

_____

_____

_____

❖통역하기

① 원문을 보면서 한국어로 번역해서 들려주기

② 순차통역하기⑴-원문 한 문장 듣고 한국어로 통역하기

③ 순차통역하기⑵-전체 일본어 원문을 듣고 한국어로 통역하기

④ 전체 문장을 동시통역하기

5-6) 아래의 문장을 읽고 번역과 통역을 합시다.(09:31~12:23)

「アハハハハ、先生、/ごめんなさい。私、/先生を思って/先生が/白鷹教授を尊敬なさっていると聞いて/絶対に/会わせちゃいけないって/思ったんです。実は/私、K大にいた時、/白鷹教授に、/あの人に/襲われたんです。宿直の夜、/何度も何度も/私/もちろん/拒みましたわ거부하다。そうしたら/おかしな噂を立てられて/K大にいられなくなったんです。ねえ、/先生。私、/苦しかったんですのよ。こんなお話し/お聞かせしたくなかった。アア、アフフフ、アハーアーン。」

　次第に점차/私の中で/可憐なユリ子の姿が/まるでレントゲンのように/醜い骸骨に変貌していった。高揚し/雄弁に語るその瞳には/例の怪しい光が/爛々と燃え盛っている。それは/妖美とも/凄艶とも形容できない/情欲の光であった。「信じてください。私、/嘘なんか、/ウフ、ア～アハ、ア～ハハ～」

> 後日、/私はＫ大病院を訪れ、/本当の白鷹教授と面会した。
> そして/ユリ子の告白が/全くの事実無根であることを/確認し
> た。それからユリ子は/人知れず/姿を消した。

❖ 원문 읽기 - / 표시된 부분 유의하며 읽기

❖ 단어 및 연어 설명

① 본문의 단어와 연어의 의미를 확인하면서 따라 읽기

噂を立てる소문을 내다/雄弁に語る설득력 있게 말하다/爛々と燃え盛る활활

타오르다/病院を訪れる병원을 방문하다/姿を消す자취를 감추다

② 단어와 연어를 불러주면 보지 않고 한국어로 해당 일본어 단어와

연어의 의미 말하기

③ 한국어로 물으면 해당 일본어 단어를 말하기(쓰기)

❖ 문법 분석

① 白鷹教授を尊敬なさっていると聞いて에서 尊敬なさる(존경하시다)

는 尊敬する의 존경어이다

② 絶対に会わせちゃいけないって思ったんです에서 会わせちゃいけな

いは 会わせてはいけない의 축약형이다. 思ったんです는 思いました의 강조 표현으로 말하는 이의 주관적 느낌이 반영된 표현이다.

③ K大にいられなくなったんです에서 いられない는 いる의 가능형이다. "K대학병원에 있을 수 없게 되었어요"로 번역된다.

❖번역하기 ①직역하기 ②의역하기

_____

_____

_____

_____

_____

❖통역하기

① 원문을 보면서 한국어로 번역해서 들려주기

② 순차통역하기(1)-원문 한 문장 듣고 한국어로 통역하기

③ 순차통역하기(2)-전체 일본어 원문을 듣고 한국어로 통역하기

④ 전체 문장을 동시통역하기

5-7) 아래의 문장을 읽고 번역과 통역을 합시다.(12:24~)

やがてある日、/ユリ子から/手紙が届いた。「親愛なる先生、/少女の真心を信じてもらえない/この世に/望みはありません。私、/姫草ユリ子は/自殺いたします。」姫草ユリ子は/嘘の天才であった。おそらくその名も/偽名であろう。彼女の過去に/何があったかはわからない。だが、彼女は/それを否定し/虚構の自分を作り上げた。その虚構を信じさせることに無上の喜びを感じた。そして遂に/その虚構を真実にするため、/命を絶ったのだ。

「ユリちゃん、どこ?ユリ子さん、/どこへ行っちゃった?」今なお/彼女を尋ねる患者が/後を絶たない。彼女を殺したのは/空想です。彼女を生かしたのも/空想です。みなさん、/どうか/彼女のために/祈ってください。

❖원문 읽기- / 표시된 부분 유의하며 읽기

❖단어 및 연어 설명

① 본문의 단어와 연어의 의미를 확인하면서 따라 읽기

手紙が届く편지가 배달되다/虚構の自分を作り上げる허구의 자신을 만들어내

다/命を絶つ목숨을 끊다/彼女を尋ねる그녀의 안부를 묻다/彼女を生かす그녀를 살리다

② 단어와 연어를 불러주면 보지 않고 한국어로 해당 일본어 단어와 연어의 의미 말하기

③ 한국어로 물으면 해당 일본어 단어를 말하기(쓰기)

❖문법 분석

① 親愛なる先生、/少女の真心を信じてもらえない/この世に/望みはありませんめ서 信じてもらえない는 信じる의 연용형 信じて에 수수동사 もらう의 가능형과 부정 형태소 ない가 결합한 것이다. 직역하면 "소녀의 진심을 믿어 받지 못하는"이 되는데, 한국어가 매우 어색하다. 따라서 "소녀의 진심을 믿어줄 줄 모르는, 소녀의 진심을 믿어주지 못하는"으로 번역할 필요가 있다.

❖번역하기 ①직역하기 ②의역하기

_____

_____

_____

_____

❖ 통역하기

① 원문을 보면서 한국어로 번역해서 들려주기

② 순차통역하기(1)-원문 한 문장 듣고 한국어로 통역하기

③ 순차통역하기(2)-전체 일본어 원문을 듣고 한국어로 통역하기

④ 전체 문장을 동시통역하기

Unit 6 それから(1909)

夏目漱石 作

(1867~1916)

きくドラ 脚色

나이가 서른이나 되었음에도 별다른 직업 없이 아버지로부터 경제적 지원을 받으며 살아가는 나가이 다이스케(長井代助). 일본 정부의 부도덕성이나 사람들의 위선을 비판하긴 하지만, 결국에는 그러한 그 자신도 친구의 아내를 빼앗음으로써 도덕성에 큰 흠집을 내게 된다. 경제적 도움도 끊어지고, 친구의 아내를 데리고 길바닥에 주저앉게 된 주인공. 뙤약볕 아래에서 먹고 살기 위해 일을 구하러 다니게 된 주인공의 모습을 통해서 지식인의 고뇌를 엿볼 수 있다.

6) 먼저 본문을 들어봅시다. 아는 단어(모르는 단어)에 동그라미를 쳐봅시다.

あ、動く。世界が動く。

「な、お前ももう30だ。そろそろ世の中に出たらどうだ。」ぼくの名は長井代助。職業はない。この実業家である兄と父親

からの援助で一人暮らしている。「お前は学校でも自慢の弟だった。なぜ働かない?」僕が働かないのは世の中のせいだ。日本は今無理に一等国を気取ったせいで借金まみれだ。国民はその返済に疲れ果て道徳心は荒廃している。こんな世の中ではとても誠実に働けない。だから僕はただ本を読み、音楽を聴き、文化的で高尚な日々を送っている。「それより考えてくれたか?例の縁談。先方の家も大変な資産家だ。父さんももう年だし、早く安心させてやれ。」資産家の令嬢との政略結婚。それは年老いた父を喜ばせ、莫大な財産を与えてくれる、まさに万々歳だ。だが。「なんだ。気が進まんか。だれか好いた人でもいるのか?」

「代助さん。代助さん。」好いた人。僕は久しぶりに写真帳を開き、ある女性を見つけた。今はよき夫を得たその人。「やあ、3年ぶりだな、代助君。僕は今年大阪の銀行をやめてね。これからはこっちで猛烈に働くつもりだ。君の方は相変わらずいいご身分だな。ははは。」彼は中学からの友人で平岡。ぼくらはかつて兄弟のように交際し、多くの友人と語り合った。もちろんあの人とも。「そうそう、妻が君によろしく言っていたよ。まだ独身なのかって、気にしていたぜ。」

「フフ〜代助さん、代助さん。」その人の名は三千代。知り

合ったのは僕がまだ学生だった頃だ。僕は彼女の流れるような黒い髪、美しい二重瞼。浮世絵の美女を思わせるその風情に強く惹かれていた。「あ、きれいな百合。ありがとう、代助さん。」そして3年前のある日、「代助君！僕は三千代さんが好きだ。力になってくれないか？」当時の僕は人のために行動するのが好きだった。平岡のことが、三千代のことが大好きだった。だから僕は喜んで彼らを結びつけた。「えっ？私を平岡さんと？え～あなたがそうおっしゃるなら。」結婚式の日、僕は泣いた。そしてそのことは今もなお僕の生涯を照らす鮮やかな栄誉となっている。

　「あれからもう3年か。はっはっ。しかし結婚なんてそれほどいいものではないぜ。」それから数日後、家に突然意外な客が訪ねてきた。「代助さん。お久しぶりです。」それは三千代だった。髪を銀杏返しに結い、昔と少しも変わらない白く美しい顔をしている。だが、この顔色は少し白すぎる。「ずっとこんな顔色なの。心臓悪くしてしまって、恥ずかしいわ。」三千代は黒く大きな瞳を潤ませた。僕は気の毒に思い、しばらく沈黙した。すると彼女は頬を薄赤く染めて言った。「その。お願いがあるの。少しお金を貸してくれないかしら。」「結婚なんてそれほどいいものではないぜ。」ぼくは平岡の言葉を思い出した。

彼女によると、彼は大阪で失敗し、かなりの借金をしていると
いう。また、最近では家にも帰らず、放蕩に耽けっているとい
う。「私もいけないの?子供を産んですぐ死なせてしまって。そ
れから体の具合が」平岡の借金、子供の死、三千代の病。たっ
た3年でこうも変わるものか。もしや二人は結ばれるべきでは
なかったのだろうか。いやそもそもなぜ僕はその手助けをした
のだろうか。次第に僕の心はあの頃に帰り始めた。

「代助さん。代助さん。ウフフフ。」「僕は三千代さんが好き
だ。」「えっ?私を平岡さんと?」「誰か好いた人でもいるのか?」
「あなたはなぜ奥さんをおもらいにならないの?」

「代助さん。具合もよくないし、私そろそろ。」「三千代さん」
「えっ?」「三千代さん、待ってください。どうか僕の話しを聞
いてください。遅すぎたことは分かっています。残酷と言われ
ても仕方ありません。ですが僕は、僕の心はあの時も今もちっ
とも変っていません。僕には、僕の存在には、あなたが必要だ!
どうしても必要だ。」「そんな代助さん」「僕はそれをあなたに
承知してもらいたいのです。お願いです。どうかどうか承知して
ください。」「そんなひどいわ。あんまりだわ。なぜあの時、い
え、せめてもう少し早く〜」「三千代さん、どうしたんですか。
体が。」「でも、あ、あ、あたしあなたと。」「三千代さん。起き

てください。三千代さん。大変だ。医者は?三千代さん。三千代
さん〜」

「代助君、大変なことをしてくれたね。心臓が弱っていたと
ころにひどい神経衰弱だ。医者によると命にかかわるらしい。
だが三千代からすべて聞いたよ。あいつも君のことが...。いや、
もういい。三千代は君にやる。もう長くはないだろうがね。だ
が、ならなぜ君は3年前に三千代を僕にくれた。君は結婚式の
日、僕のために泣いてくれた。僕はそれが嬉しかった。なのに、
君は自分のしたことが分かっているのか。人の妻を奪い、夫の
名誉を毀損した。今後、君の家族、世間が君をどう裁くかよく
思い知るがいい。」「代助、きょう実家に平岡という人から手紙
が来た。これは真実なのか。お前が人の妻を。そうか。このく
ず。いったい今まで何のために教育を受けてきた。父さんは泣
いていたぞ。お前は家の名誉に泥を塗った。もうお前とは家族
でも兄弟でもない。貴様は馬鹿だ。」

僕は無二の親友を、家族を失った。僕に残されたのはただ
一人。あ、三千代、三千代に会いたい。だが彼女も後どれほど
の命だろう。僕はこれからどうすればいい?気がつくと僕は町
を彷徨っていた。日差しはまるで僕を焼きつくすかのように無
慈悲だった。あ、暑い。そうだ。まず仕事を、職を探さなけれ

ば…。そう思って僕は飯田橋から電車に乗った。やがて電車が動き始めたとき、僕は車窓から景色を眺め、こう呟いていた。

「あ、動く。世界が動く。」

6-1) 아래의 문장을 읽고 번역과 통역을 합시다.(~02:31)

あ、/動_{うご}く。世界が/動く。

「な、/お前ももう/30だ。そろそろ/世_よの中_{なか}に出たらどうだ。」ぼくの名は/長井代助_{ながいだいすけ}。職業_{しょくぎょう}は/ない。この/実業家_{じつぎょうか}である兄_{あに}と/父親_{ちちおや}からの援助_{えんじょ}で/一人/暮らしている。「お前は/学校でも自慢_{じまん}の弟だった。なぜ働かない。」僕が働かないのは/世の中のせいだ。日本は今/無理に一等国_{いっとうこく}を気取_{きど}ったせいで/借金_{きん}まみれ빚투성이だ。国民_{こくみん}は/その返済_{へんさい}に疲_{つか}れ果_はて빚을 갚느라 지칠대로 지쳐/道徳心_{どうとくしん}は/荒廃_{こうはい}している。こんな世の中では/とても誠_{せい}実_{じつ}に働けない。

だから僕は/ただ本を読み、/音楽を聴き、/文化的で/高尚_{こうしょう}

な日々を送っている。「それより/考えてくれたか。例の縁談。
先方の家も/大変な資産家だ。父さんももう年だし、/早く安心
させてやれ。」資産家の令嬢との/政略結婚。それは/年老いた
父を喜ばせ기뻐하다、/莫大な財産を与えてくれる、/まさに万々歳
だ만만세이다。だが。「なんだ。気が進まんか。だれか/好いた人で
もいるのか。」

❖ 원문 읽기- / 표시된 부분 유의하며 읽기

❖ 단어 및 연어 설명

① 본문의 단어와 연어의 의미를 확인하면서 따라 읽기

世の中に出る세상에 나가다/一等国を気取る일등국임을 뽐내다/誠実に働く
성실하게 일하다/高尚な日々を送る고상한 나날을 보내다/年老いた父나이가 든
아버지/財産を与える재산을 주다/気が進まない마음이 내키지 않다/ 好いた人
좋아하는 사람

② 단어와 연어를 불러주면 보지 않고 한국어로 해당 일본어 단어와
연어의 의미 말하기

③ 한국어로 물으면 해당 일본어 단어를 말하기(쓰기)

❖ 문법 분석

① なぜ働かない에 의문 종조사가 결합하지 않는 것은 なぜ만으로도 의문문으로 기능하기 때문이다.

❖ 번역하기 ①직역하기 ②의역하기

_____

_____

_____

_____

_____

❖ 통역하기

① 원문을 보면서 한국어로 번역해서 들려주기

② 순차통역하기(1)-원문 한 문장 듣고 한국어로 통역하기

③ 순차통역하기(2)-전체 일본어 원문을 듣고 한국어로 통역하기

④ 전체 문장을 동시통역하기

6-2) 아래의 문장을 읽고 번역과 통역을 합시다.(02:32~05:08)

「代助さん。代助さん。」好いた/人。僕は/久(ひさ)しぶりに写真(しゃしん)帳(ちょう)を開(ひら)き、/ある女性(じょせい)を見つけた。今は/よき夫(おっと)を得(え)た/その人。「やあ、/3年ぶりだな、代助君。僕は今年/大阪(おおさか)の銀行(ぎんこう)をやめてね。これからは/こっちで猛烈に働くつもりだ。君の方(ほう)は/相変(あいか)わらず변함없이,여전히いいご身分(みぶん)だな。ハハハ。」彼は/中学(ちゅうがく)からの友人(ゆうじん)で/平岡(ひらおか)。ぼくらはかつて/兄弟(きょうだい)のように交際(こうさい)し、多くの友人と語(かた)り合(あ)った。もちろん/あの人とも。「そうそう、/妻(つま)が君によろしく言っていたよ。まだ独身(どくしん)なのかって、気(き)にしていたぜ。」

「フフ〜/代助さん、/代助さん。」その人の名は/三千代(みちよ)。知り合ったのは/僕がまだ/学生だった頃(ころ)だ。僕は/彼女の流(なが)れるような黒い髪(かみ)、/美しい二重瞼(ふたえまぶた)쌍꺼풀。浮世絵(うきよえ)우키요에の美女を思わせるその風情(ふぜい)に/強(つよ)く/惹(ひ)かれていた。「あ、/きれいな百合(ゆり)。ありがとう、/代助さん。」そして/3年前の/ある日、「代助君!僕は/三千代さんが/好きだ。力になってくれないか?」

❖원문 읽기- / 표시된 부분 유의하며 읽기

❖단어 및 연어 설명

① 본문의 단어와 연어의 의미를 확인하면서 따라 읽기

写真帳を開く 사진첩을 펼치다/よき夫を得る 좋은 남편을 얻다/銀行をやめる

은행을 그만두다/猛烈に働く 맹렬히 일하다/気にする 염려하다/強く惹かれる

강하게 끌리다

② 단어와 연어를 불러주면 보지 않고 한국어로 해당 일본어 단어와

연어의 의미 말하기

③ 한국어로 물으면 해당 일본어 단어를 말하기(쓰기)

❖문법 분석

① 気にしていたぜ에서 ぜ는 남성 전용의 종조사이다. 없어도 그만이

나 그것이 있음으로 해서 진술의 힘이 증가한다.

❖번역하기 ①직역하기 ②의역하기

_____

_____

_____

_____

_____

❖ **통역하기**

① 원문을 보면서 한국어로 번역해서 들려주기

② 순차통역하기(1)-원문 한 문장 듣고 한국어로 통역하기

③ 순차통역하기(2)-전체 일본어 원문을 듣고 한국어로 통역하기

④ 전체 문장을 동시통역하기

6-3) 아래의 문장을 읽고 번역과 통역을 합시다.(05:09~07:12)

当時(とうじ)の僕は/人のために行動(こうどう)するのが/好きだった。平岡(ひらおか)の
ことが、/三千代のことが/大好きだった。だから僕は/喜んで
彼らを結(むす)び付(つ)けた。「えっ?私を/平岡さんと?え〜あなたが/そ
うおっしゃるなら。」結婚式(けっこんしき)の日、僕は泣いた。そして/その
ことは今もなお/僕の生涯(しょうがい)を照(て)らす/鮮(あざ)やかな_{선명하다}栄誉(えいよ)とな
っている。

「あれからもう/3年か。はっはっ。しかし/結婚(けっこん)なんて/それ
ほどいいものではないぜ。」それから数日後(すうじつご)、家に突然(とつぜん)/
意外(いがい)な客が訪(たず)ねてきた。「代助さん。お久(ひさ)し/ぶりです。」それ
は/三千代だった。髪(かみ)を銀杏返(いちょうがえ)しに結(ゆ)い、/昔(むかし)と少しも変わら
ない/白く/美しい顔をしている。だが、/この顔色(かおいろ)は/少し/白す
ぎる。「ずっと/こんな顔色(かおいろ)なの。心臓悪(しんぞうわる)くしてしまって、/恥ず
かしいわ。」

❖원문 읽기- / 표시된 부분 유의하며 읽기

❖단어 및 연어 설명

① 본문의 단어와 연어의 의미를 확인하면서 따라 읽기

彼らを結び付ける그들을 맺어주다/生涯を照らす생애를 비추다/客が訪ねる

손님이 방문하다/髪を結う머리를 묶다/美しい顔をする아름다운 얼굴을 하다

② 단어와 연어를 불러주면 보지 않고 한국어로 해당 일본어 단어와
연어의 의미 말하기

③ 한국어로 물으면 해당 일본어 단어를 말하기(쓰기)

❖문법 분석

① この顔色は/少し/白すぎる에서 白すぎる는 白(白い의 어간)＋すぎ
る(지나다)으로 분해된다. 직역하면 "흰색의 정도가 지나치다"인
데, 의역하면 "지나치게 희다"가 된다. 동사의 연용형이나 형용사
의 어간에 생산적으로 결합한다.

❖번역하기 ①직역하기 ②의역하기

_____

_____

_____

_____

_____

❖통역하기

① 원문을 보면서 한국어로 번역해서 들려주기

② 순차통역하기(1)-원문 한 문장 듣고 한국어로 통역하기

③ 순차통역하기(2)-전체 일본어 원문을 듣고 한국어로 통역하기

④ 전체 문장을 동시통역하기

6-4) 아래의 문장을 읽고 번역과 통역을 합시다.(07:13~09:07)

　三千代は/黒く/大きな瞳を潤ませた글썽거리다。僕は気の毒に
思い、しばらく沈黙した。すると彼女は/頬を薄赤く染めて/言
った。「その。お願いがあるの。少し/お金を貸してくれないか
しら。」「結婚なんて/それほどいいものではないぜ。」僕は
/平岡の言葉を思い出した。彼女によると、/彼は大阪で失敗

し、かなりの借金^{しゃっきん}をしているという。また、最近^{さいきん}では/家にも帰らず、/放蕩^{ほうとう}に耽^{ふけ}っているという。

「私/もういけないの?子供^{こども}を産^うんですぐ/死なせてしまって。それから/体の具合^{ぐあい}상태,컨디션が…。」平岡の借金^{しゃっきん}빚、/子供の死、/三千代の病^{やまい}。たった3年で/こうも変^かわるものか。もしや어쩌면二人は/結^{むす}ばれる맺다べきでは/なかったのだろうか。いや/そもそもなぜ僕^{ぼく}は/その手助^{てだす}けをしたのだろうか。次第^{しだい}に僕の心は/あの頃^{ころ}に帰り始めた。

❖ 원문 읽기– / 표시된 부분 유의하며 읽기

❖ 단어 및 연어 설명

① 본문의 단어와 연어의 의미를 확인하면서 따라 읽기

瞳が潤む눈동자가 글썽이다/気の毒に思う유감스럽게 생각하다/頬を染める빰을 물들이다/お金を貸す돈을 빌려주다/借金をする빚을 내다/放蕩に耽る방탕에 빠지다/子供を産む아이를 낳다

② 단어와 연어를 불러주면 보지 않고 한국어로 해당 일본어 단어와 연어의 의미 말하기

③ 한국어로 물으면 해당 일본어 단어를 말하기(쓰기)

❖ 번역하기 ① 직역하기 ② 의역하기

_____

_____

_____

_____

❖ 통역하기

① 원문을 보면서 한국어로 번역해서 들려주기

② 순차통역하기(1)-원문 한 문장 듣고 한국어로 통역하기

③ 순차통역하기(2)-전체 일본어 원문을 듣고 한국어로 통역하기

④ 전체 문장을 동시통역하기

6-5) 아래의 문장을 읽고 번역과 통역을 합시다.(09:08~11:40)

「代助さん。代助さん。ウフフフ。」「僕は/三千代さんが/好きだ。」「えっ?私を/平岡さんと?」「誰か/好いた人でもいるのか?」「あなたはなぜ/奥さんをおもらいにならないの?」

「代助さん。具合もよくないし、/私そろそろ。」「三千代さん」「えっ?」「三千代さん、/待ってください。どうか/僕の話しを/聞いてください。遅_{おそ}すぎたことは/分かっています。残酷_{ざんこく}잔

^혹と言われても/仕方^{しかた}ありません。ですが/僕^{ぼく}は、/僕の心は/あの時も/今も/ちっとも^{조금도}変っていません。僕には、/僕の存在^{そんざい}には、/あなたが必要^{ひつよう}だ!どうしても必要だ。」

「そんな/代助さん」「僕はそれを/あなたに承知^{しょうち}してもらいたいのです。お願^{ねが}いです。どうか、/どうか承知してください。」「そんな/ひどいわ。あんまりだわ^{너무해요}。なぜ/あの時、/いえ、せめて/もう少し早く〜」「三千代さん、/どうしたんですか。体が…。」「でも、/あ、/あ、/あたし/あなたと、あなたと…。」「三千代さん。起きてください。三千代さん。大変だ。医者^{いしゃ}は? 三千代さん。三千代さん〜」

❖ 원문 읽기- / 표시된 부분 유의하며 읽기

❖ 단어 및 연어 설명

① 본문의 단어와 연어의 의미를 확인하면서 따라 읽기

奥さんをもらう^{부인을 얻다}

② 단어와 연어를 불러주면 보지 않고 한국어로 해당 일본어 단어와 연어의 의미 말하기

③ 한국어로 물으면 해당 일본어 단어를 말하기(쓰기)

❖문법 분석

① 僕はそれを/あなたに承知してもらいたいのです에서 承知してもら
  いたい는 承知する의 음편형에 もらう와 희망의 조동사 たい가 연
  결된 것이다. 직역하면 "나는 그것을 당신에게 알아 받고 싶은 것
  입니다"가 되는데 한국어가 매우 어색하다. 따라서 "나는 당신이
  그 사실을 꼭 알아줬으면 합니다"로 의역할 필요가 있다.

② 僕の心は/あの時も/今も/ちっとも変っていません에서 ちっとも変っ
  ていません을 직역하면 "조금도 변해 있지 않습니다"가 되는데 역
  시 한국어가 어색하다. "조금도 변하지 않았습니다"로 번역할 필
  요가 있다. "조금도 변하지 않았습니다"가 일본어 ちっとも変って
  いません과 ちっとも変わりませんでした 양쪽의 의미를 커버할 수
  있다는 사실에 유의하자.

❖번역하기 ①직역하기 ②의역하기

_____

_____

_____

_____

_____

① 원문을 보면서 한국어로 번역해서 들려주기

② 순차통역하기(1)-원문 한 문장 듣고 한국어로 통역하기

③ 순차통역하기(2)-전체 일본어 원문을 듣고 한국어로 통역하기

④ 전체 문장을 동시통역하기

6-6) 아래의 문장을 읽고 번역과 통역을 합시다.(11:41~13:53)

「代助君、/大変なことをしてくれたね。心臓が弱っていた
ところに/ひどい神経衰弱だ。医者によると/命にかかわるら
しい。だが/三千代からすべて聞いたよ。あいつも/君のこと
が…。いや、/もういい。三千代は/君にやる。もう/長くはない
だろうがね。だが、/ならなぜ/君は3年前に三千代を僕にくれ
た。君は結婚式の日、/僕のために泣いてくれた。僕はそれが/
嬉しかった。なのに、/君は/自分のしたことが分かっているの
か。人の妻を奪い、/夫の名誉を毀損した。今後、/君の家族、/
世間が/君をどう裁くか/よく思い知るがいい。」

「代助、/今日、実家に/平岡という人から手紙が来た。こ
れは/真実なのか。お前が/人の妻を。そうか。このくず。いった
い今まで何のために教育を受けてきた。父さんは泣いていた

ぞ。お前は/家の名誉に泥を塗った。もうお前とは/家族でも/
兄弟でもない。貴様は/馬鹿だ。」

❖원문 읽기- / 표시된 부분 유의하며 읽기

❖단어 및 연어 설명

① 본문의 단어와 연어의 의미를 확인하면서 따라 읽기

命にかかわる목숨이 걸리다/人の妻を奪う남의 아내를 빼앗다/名誉を毀損す
る명예를 훼손하다/教育を受ける교육을 받다/泥を塗る흙칠을 하다

② 단어와 연어를 불러주면 보지 않고 한국어로 해당 일본어 단어와
연어의 의미 말하기

③ 한국어로 물으면 해당 일본어 단어를 말하기(쓰기)

❖문법 분석

① もうお前とは/家族でも/兄弟でもない에서 兄弟でもない를 "형제도
없다"로 번역하는 학습자들이 생각보다 꽤 많은 편이다. 이것은 많
은 학습자들이 '있다'와 '이다'와 '없다'와 '아니다'를 구별하지 못하
기 때문으로 생각된다. 그래서 다음과 같이 정리해 본다.

兄弟がある(형제가 있다)/兄弟がない(형제가 없다)/兄弟である(형제이다)/兄弟ではある(형제이기는 하다)/兄弟でもある(형제이기도 하다)/兄弟でない(형제가 아니다)/兄弟ではない(형제가(는) 아니다)/兄弟でもない(형제도 아니다)

❖번역하기 ①직역하기 ②의역하기

_____

_____

_____

_____

_____

❖통역하기

① 원문을 보면서 한국어로 번역해서 들려주기

② 순차통역하기(1)-원문 한 듣고 한국어로 통역하기

③ 순차통역하기(2)-전체 일본어 원문을 듣고 한국어로 통역하기

④ 전체 문장을 동시통역하기

6-7) 아래의 문장을 읽고 번역과 통역을 합시다. (13:54~)

僕は/無二の親友を、家族を失った。僕に残されたのは/ただ一人。あ、/三千代、/三千代に会いたい。だが彼女も/後/どれほどの命だろう。僕はこれから/どうすればいい？気がつくと僕は/町をさ迷っていた。日差しはまるで/僕を焼きつくすかのように/無慈悲だった。あ、/暑い。そうだ。まず/仕事を、/職を/探さなければ…。そう思って僕は/飯田橋から電車に乗った。やがて/電車が動き始めたとき、/僕は/車窓から景色を眺め、/こう/呟いていた。「あ、/動く。世界が/動く。」

❖원문 읽기- / 표시된 부분 유의하며 읽기

❖단어 및 연어 설명

① 본문의 단어와 연어의 의미를 확인하면서 따라 읽기

家族を失う가족을 잃다/気がつく정신을 차리다/町をさ迷う도시를 떠돌다/職を探す일자리를 찾다

② 단어와 연어를 불러주면 보지 않고 한국어로 해당 일본어 단어와 연어의 의미 말하기

③ 한국어로 물으면 해당 일본어 단어를 말하기(쓰기)

❖ 문법 분석
① まず/仕事を、/職を/探さなければ에서 探さなければ(찾아야 해)는

探さなければならない의 준말이다.

❖ 번역하기 ①직역하기 ②의역하기

_____

_____

_____

_____

_____

❖ 통역하기

① 원문을 보면서 한국어로 번역해서 들려주기

② 순차통역하기(1)-원문 한 문장 듣고 한국어로 통역하기

③ 순차통역하기(2)-전체 일본어 원문을 듣고 한국어로 통역하기

④ 전체 문장을 동시통역하기

Unit 7　こころ(1914)

夏目漱石 作

(1867~1916)

きくドラ 脚色

이 작품에서는 착한 사람이라도 사소한 일로 언제든지 악인이 될 수 있다는 것, 자신의 모든 것을 털어놓을 만큼 신뢰할 수 있는 인간을 찾기가 어렵다는 메시지를 전달하고 있다. 인간 불신의 늪에 빠져 허우적거리는 주인공의 모습이 적나라하게 드러난다.

---

7) 먼저 본문을 들어봅시다. 아는 단어(모르는 단어)에 동그라미를 쳐 봅시다.

私は死ぬ前にたった一人でいいから人を信用して死にたい。あなたはそのたった一人になってくれますか。どんな善人もふとしたことで悪人に変わる。

私は親からの遺産をめぐり親戚たちから裏切られました。彼らは親切を装い私の財産を騙し取っていたのです。それから私は故郷を捨て東京の大学に入りました。

「まあ、それはお辛かったでしょう。大変なご苦労なさったの

ね。」「ほんとにあんまりですわ。どうか私で良ければいつでも頼ってくださいね。」ですが、東京で心から信じられる人と出会いました。それは下宿先の奥さんとそのお嬢さんです。「ね、一緒にお茶でもいかが?お菓子を買ってきましたの。お勉強ばかりでは体にさわりますよ。ね。ふふふ。」「まあ、この子は!」「ふふふ」「ほんとにあなたが来てくれてよかった。」

　私たちはよく談笑しよく遊びに出かけました。「ふふふ...」着飾り、化粧をしたお嬢さんは実に美しく誰もが振り返りました。私はいつしかお嬢さんに信仰にも近い愛情を抱いていたのです。

　「お〜い。お前。女と住んでいるそうだな。女から何か知識や学問を学べるのか。精神的に向上心のない奴は馬鹿だぞ。」そしてもう一人私の心を癒した友がいました。大学の同級生で名前は仮にケイとしておきましょう。ケイとわたしは似たような境遇でした。彼もまた親族と絶縁し孤独だったのです。「おれはおれの道のために精進している。学問だけではない。おれはおれの意志、存在を高めたいのだ。ケイは寺の息子でした。私は彼の克己心に心から惹かれていました。ですが、かれはあまりに孤高でした。彼は私の外、頼る人がいなかったのです。私は哀れなケイを救ってやりたいと思いました。

「すると、そのご学友もこの家に? 私は反対ですよ。男をもう一人なんて。きっとあなたのためになりません。」私はケイと暮すことにしました。彼と共に学び、向上したかったのです。ですが、奥さんは少しいやな顔をしました。「ねえ、ケイさんって変わった人ね。でもとってもおもしろいのよ。」無口なケイにお嬢さんはよく話しかけてくれました。もっとも私がお嬢さんに頼んでいたのですが。「ねえ、ケイさん。寒くはない?」「寒いです。」「じゃ火鉢をお持ちしましょう。」「要りません。」「まあ寒くはなくって?」「寒いけど、要らんのです。」「何がおかしいのです?」お嬢さんはよく笑う人でした。ですが、その時から私の中でケイに対するほの暗い感情が一つ芽生え始めたのです。

　ある日私が大学から帰ったときのことです。「ふふふ。あらお帰りなさい。」「おそかったな。」ケイとお嬢さんが二人っきりで話していました。そんなことが二三度続いたのです。

　「女というのは、そう軽蔑したものではないな。」ケイの態度に変化が現われました。それは好ましいはずだったのですが、私の心はざわつきました。そして奥さんとお嬢さんが留守のある日のこと、珍しくケイが私の部屋に来ました。「なあ、お嬢さんはいつごろ帰るんだ。どこに行ったんだ。」その日のケ

イはいつもと様子が違っていました。「お嬢さんはそろそろ卒業か。卒業してからどうするんだ?なあ、お前知らないか。」ケイはお嬢さんのことばかり聞いてきました。私は思わずなぜそんなにお嬢さんのことをきくのか尋ねました。「おれはお嬢さんが好きだ。」

ケイのその言葉によって私の体はある一つのかたまりと化しました。「まだお嬢さんにも奥さんにも打ち明けていない。おれは苦しい。苦しくてたまらんのだ。なあ、おれはどうすればいい?」まっすぐなケイに対し私は卑怯でした。自分もお嬢さんが好きだと告白すべきだったのです。ですが私はケイの私に対する信頼と日頃の主張をたてに彼に喰らい付きました。

「精神的に向上心のない奴は馬鹿だぞ。大体、お前の精進とやらはどうなる? 道は? お前にその覚悟があるのか。」「覚悟か。覚悟ならないこともない。」それからケイは自分の部屋に戻り沈黙しました。覚悟。ケイの覚悟とは何なのでしょう。私は焦りました。焦って最も狡猾な手段に出ました。

翌日奥さんにお嬢さんを嫁にくれるよう頼んだのです。「え、ようござんす。あなたにならよろこんでさしあげましょう。なぁにあの子の気持ちは私が一番よくわかっています。」奥さんは実に呆気なく了解してくれました。

ですが、私はケイに負けたのです。私はすぐに彼に手をついて告白し謝るべきでした。しかしその機会は永遠に失われたのです。「ねえ、あなたよくないじゃありませんか。なぜケイさんに結婚のことを伝えないのです？私が教えたら変な顔をしていましたよ。」

　それから私は軽蔑を恐れ、ケイを避けてしまいました。そしてそのうち、奥さんがすべてを打ち明けてしまったのです。ケイは奥さんにこういったそうです。「そうですか。おめでとうございます。お祝いをあげたいが金がないので何もあげられません。」ケイは立派でした。それを知ってからも私に対する態度は全く変わりませんでした。

　そして土曜日の夜明け、ケイは自分の部屋で自ら命を絶ちました。「覚悟ならないこともない。」は、しまった。もう取り返しがつかない。黒い光が一瞬で私の未来を貫き全生涯を照らしました。その時私は気づいたのです。私も結局私を欺き裏切ったあの親類と同じだったことを。この世に何かを働きかける資格など持っていないことを。

　それから半年後、私とお嬢さんは結婚しました。「ね、あなたは一体何を恐れていらっしゃるの。なぜ何も教えてくださらないの？」あの日からわたしは人を信じず、自分自身も信じず

死ぬように生きています。ですが私は死ぬ前にたった一人でいい、人を信用したい、すべてを打ち明けたい、そう思っています。あなたはそのたった一人になってくれますか。

7-1) 아래의 문장을 읽고 번역과 통역을 합시다.(~02:01)

　私は死ぬ前に/たった一人でいいから/人を信用(しんよう)して死にたい。あなたは/そのたった一人になって/くれますか。どんな善(ぜん)人も/ふとしたことで 사소한 일로/悪人(あくにん)に変わる。私は親からの遺産(いさん)をめぐり 재산을 둘러싸고/親戚(しんせき)たちから裏切(うらぎ)られました。彼らは親切(しんせつ)を装(よそお)い、/私の財産(ざいさん)を騙(だま)し取(と)っ 속여서 빼앗다ていたのです。それから/私は故郷(こきょう)を捨て/東京(とうきょう)の大学に入りました。

　「まあ、/それはお辛(つら)かったでしょう。大変(たいへん)なご苦労(くろう) 고생なさったのね。」「ほんとにあんまりですわ。どうか/私で良ければいつでも頼(たよ)ってくださいね。」ですが、東京(とうきょう)で/心(こころ)から信じられる人と出会(であ)いました。それは/下宿先(げしゅくさき)の奥さんと/そのお嬢(じょう)さんです。「ね、/一緒(いっしょ)にお茶でもいかが?お菓子(かし)を買ってきましたの。お勉強(べんきょう)ばかりでは体にさわりますよ。ね、フフフ。」「まあ、この子は!」「フフフ。」「ほんとに/あなたが来てくれてよかった。」

❖원문 읽기- / 표시된 부분 유의하며 읽기

❖단어 및 연어 설명

① 본문의 단어와 연어의 의미를 확인하면서 따라 읽기

親切を装う친절을 가장하다/財産を騙し取る재산을 편취하다/大学に入る대

学に入る대학에 들어가다/体にさわる건강을 해치다

② 단어와 연어를 불러주면 보지 않고 한국어로 해당 일본어 단어와

연어의 의미 말하기

③ 한국어로 물으면 해당 일본어 단어를 말하기(쓰기)

❖번역하기 ①직역하기 ②의역하기

_____

_____

_____

_____

_____

❖ 통역하기

① 원문을 보면서 한국어로 번역해서 들려주기

② 순차통역하기(1)-원문 한 문장 듣고 한국어로 통역하기

③ 순차통역하기(2)-전체 일본어 원문을 듣고 한국어로 통역하기

④ 전체 문장을 동시통역하기

7-2) 아래의 문장을 읽고 번역과 통역을 합시다.(02:02~03:54)

私たちは/よく談笑し/よく遊びに出かけました。「フフフ...」
着飾り、/化粧をしたお嬢さんは/実に美しく/誰もが振り返り
ました되돌아보다。私はいつしかお嬢さんに/信仰にも近い愛 情
を抱いていたのです。「お～い。お前。女と住んでいるそうだ
な。女から何か知識や学問を学べるのか。精神的に向上心の
ない奴は/馬鹿だぞ。」

そしてもう一人/私の心を癒した/友がいました。大学の同
級 生で/名前は/仮に/ケイとしておきましょう。ケイとわたし
は/似た유사하다, 닮다ような境遇でした。彼もまた/親族と絶縁し
/孤独だったのです。「おれは/おれの道のために/精進してい
る。学問だけではない。おれは/おれの意志、存在を/高めた
いのだ。ケイは寺の息子아버지가 스님でした。私は/彼の克己心に
心から惹かれていました。ですが、/彼はあまりに孤高でした。

彼は私の外、頼る人がいなかったのです。私は/哀れなケイを
/救ってやりたいと思いました。

❖원문 읽기– / 표시된 부분 유의하며 읽기

❖단어 및 연어 설명

① 본문의 단어와 연어의 의미를 확인하면서 따라 읽기

化粧をする화장을 하다/愛情を抱く애정을 품다/心を癒す마음을 치유하다/

存在を高める존재를 드높이다/心から惹かれる진심으로 끌리다/頼る人의

지할 사람

② 단어와 연어를 불러주면 보지 않고 한국어로 해당 일본어 단어와

연어의 의미 말하기

③ 한국어로 물으면 해당 일본어 단어를 말하기(쓰기)

❖문법 분석

① 私たちは/よく談笑し/よく遊びに出かけましたで서 遊びに出かけま

したと 遊び(遊ぶ의 연용형)＋に(목적)＋出かける(이동동사)로 분해

된다. 번역하면 "자주 놀러 다녔습니다"가 된다.

❖번역하기 ①직역하기 ②의역하기

_____

_____

_____

_____

_____

❖통역하기

① 원문을 보면서 한국어로 번역해서 들려주기

② 순차통역하기⑴-원문 한 문장 듣고 한국어로 통역하기

③ 순차통역하기⑵-전체 일본어 원문을 듣고 한국어로 통역하기

④ 전체 문장을 동시통역하기

7-3) 아래의 문장을 읽고 번역과 통역을 합시다.(03:55~05:34)

「すると、/そのご学友もこの家に? 私は反対ですよ。男をもう一人なんて。きっと/あなたのためになりません。」私は/ケイと暮すことにしました。彼と共に学び、/向上したかったのです。ですが、/奥さんは少し/いやな顔をしました。「ねえ、ケイさんって変わった人이상한 사람ね。でも、/とってもおもしろいの

よ。」無口（むくち）なケイに/お嬢さんはよく話しかけてくれました。も
っとも/私がお嬢さんに頼（たの）んでいたのですが…

　「ねえ、ケイさん。寒くはない?」「寒いです。」「じゃ、/火鉢（ひばち）
화로をお持ちしましょう。」「要（い）りません。」「まあ、/寒くはな
くって?」「寒いけど、/要らんのです。」「何が/おかしいので
す?」お嬢さんは/よく笑（わら）う人でした。ですが、/その時から/私の
中で/ケイに対する/ほの暗い感情（かんじょう）が一つ/芽生（めば）え싹트다始めたの
です。

❖원문 읽기- / 표시된 부분 유의하며 읽기

❖단어 및 연어 설명

① 본문의 단어와 연어의 의미를 확인하면서 따라 읽기
　いやな顔をする싫은 얼굴을 하다
② 단어와 연어를 불러주면 보지 않고 한국어로 해당 일본어 단어와
　연어의 의미 말하기
③ 한국어로 물으면 해당 일본어 단어를 말하기(쓰기)

❖ 문법 분석

① 私は/ケイと暮すことにしました에서 暮らすことにしました는 暮ら
す＋ことに＋する＋ました가 결합한 것이다. 제3자와의 합의를 나
타내는 표현이다. 번역하면 "살기로 했습니다"가 된다.

② 要らんのです는 要らないのです의 회화체이다. 물론 要らないので
す라고 말해도 되지만, 要らんのです에 비해 격식 차린 표현임에
유념할 필요가 있다.

❖ 번역하기 ①직역하기 ②의역하기

_____

_____

_____

_____

❖ 통역하기

① 원문을 보면서 한국어로 번역해서 들려주기
② 순차통역하기(1)-원문 한 문장 듣고 한국어로 통역하기
③ 순차통역하기(2)-전체 일본어 원문을 듣고 한국어로 통역하기
④ 전체 문장을 동시통역하기

7-4) 아래의 문장을 읽고 번역과 통역을 합시다.(05:35~07:52)

　ある日/私が大学から帰ったときのことです。「ふふふ。あら、/お帰りなさい。」「おそかったな。」ケイとお嬢さんが/二人っきりで話していました。そんなことが/二三度続いたのです。「女というのは、/そう軽蔑したものではないな。」ケイの態度に/変化が現われました。それは/好ましいはずだったのですが、/私の心は/ざわつきました。そして/奥さんとお嬢さんが留守のある日のこと、/珍しく/ケイが私の部屋に来ました。

　「なあ、/お嬢さんは/いつごろ/帰るんだ。どこに行ったんだ。」その日のケイは/いつもと様子が違っていました。「お嬢さんは/そろそろ卒業か。卒業してから/どうするんだ?なあ、/お前知らないか。」ケイは/お嬢さんのことばかり聞いてきました。私は思わず/なぜそんなにお嬢さんのことをきくのか/尋ねました。「おれは/お嬢さんが好きだ。」ケイのその言葉によって/私の体は/ある/一つのかたまりと化しました。

❖원문 읽기- / 표시된 부분 유의하며 읽기

❖단어 및 연어 설명

① 본문의 단어와 연어의 의미를 확인하면서 따라 읽기

変化が現われる변화가 나타나다/いつもと様子が違う여느 때와 모습이 다르다

② 단어와 연어를 불러주면 보지 않고 한국어로 해당 일본어 단어와

연어의 의미 말하기

③ 한국어로 물으면 해당 일본어 단어를 말하기(쓰기)

❖문법 분석

① 女というのは、/そう軽蔑^{けいべつ}したものではないな에서 もの는 앞에 결

합한 명제가 말하는 사람의 경험에 입각하여 어느 정도 진실임을

나타내는 용법을 지닌다. 우리말로 번역하면 "여자라는 게 그리

경멸할 존재는 아니네" 정도.

② どこに行ったんだ에서 의문 종조사가 필요없는 것은 どこ가 의문

표현이기 때문이다. 이와 달리 한국어의 경우는 반드시 의문 종

조사를 붙여야 한다.

❖ 번역하기 ①직역하기 ②의역하기

_____

_____

_____

_____

_____

❖ 통역하기

① 원문을 보면서 한국어로 번역해서 들려주기

② 순차통역하기(1)-원문 한 문장 듣고 한국어로 통역하기

③ 순차통역하기(2)-전체 일본어 원문을 듣고 한국어로 통역하기

④ 전체 문장을 동시통역하기

7-5) 아래의 문장을 읽고 번역과 통역을 합시다.(07:53~09:25)

「まだ/お嬢さんにも/奥さんにも打ち明けていない。おれは苦しい。苦しくてたまらんのだ。なあ、/おれは/どうすればいい?」まっすぐなケイに対し/私は卑怯_{비겁}でした。自分も/お嬢さんが好きだと/告白すべきだったのです。ですが私は/ケイの/私に対する信頼と/日頃_{평소}の主張をたてに/彼に喰らい付

きました。

「精神的に向上心のない奴は馬鹿だぞ。大体、お前の精進
とやらは/どうなる? 道は? お前に/その覚悟があるのか。」「覚
悟/か。覚悟なら/ないこともない。」それから/ケイは自分の
部屋に戻り/沈黙しました。覚悟。ケイの覚悟とは/何なのでしょ
う。私は焦りました。焦って/最も/狡猾な手段に出ました。

❖ 원문 읽기- / 표시된 부분 유의하며 읽기

❖ 단어 및 연어 설명

① 본문의 단어와 연어의 의미를 확인하면서 따라 읽기

奥さんに打ち明ける부인에게 털어놓다/狡猾な手段に出る교활한 수단으로 나
오다

② 단어와 연어를 불러주면 보지 않고 한국어로 해당 일본어 단어와
연어의 의미 말하기

③ 한국어로 물으면 해당 일본어 단어를 말하기(쓰기)

❖ 문법 분석

① 苦しくてたまらんのだ에서 苦しくてたまらん은 형용사 て형에 たま
らない가 연결된 것이다. 우리말로 번역하면 "괴로워서 미치겠다,
괴로워 죽겠다" 즉, 통제불능의 의미가 된다.

② 自分も/お嬢さんが好きだと/告白すべきだったのです에서 告白すべ
き는 告白＋する＋べき(당위, 의무)가 결합한 것이다. "고백했어야
했습니다"로 번역하는 것이 자연스럽다. するべき가 すべき가 되는
것은 매우 특이한 결합방식으로 대개의 경우 동사 기본형에 べき
가 결합한다.

③ 日頃の主張をたてに "평소의 주장을 방패 삼아(이용하는 도구로
삼아)"

④ お前の精進とやらは/どうなる에서 とやら는 대상을 불분명하게 일
컫는 표현이다. 번역하면 "너의 정진인가 뭔가 하는 건 어떻게 되
는데?"이 된다.

❖ 번역하기 ①직역하기 ②의역하기

_____

_____

_____

_____

❖통역하기

① 원문을 보면서 한국어로 번역해서 들려주기

② 순차통역하기(1)-원문 한 문장 듣고 한국어로 통역하기

③ 순차통역하기(2)-전체 일본어 원문을 듣고 한국어로 통역하기

④ 전체 문장을 동시통역하기

7-6) 아래의 문장을 읽고 번역과 통역을 합시다.(09:26~10:28)

翌日（よくじつ）/奥さんに/お嬢さんを嫁（よめ）にくれるよう/頼んだのです。

「え、ようござんす。あなたにならよろこんでさしあげましょう。なぁに/あの子の気持（きも）ちは/私が一番（いちばん）よく/わかっています。」奥さんは/実に呆気（あっけ）なく/了解（りょうかい）してくれました。

ですが、/私は/ケイに負（ま）けたのです。私はすぐに/彼に手をついて告白（こくはく）し/謝（あやま）るべきでした。しかしその機会（きかい）は/永遠（えいえん）に/失われたのです。「ねえ、/あなたよくないじゃありませんか。なぜケイさんに結婚（けっこん）のことを伝（つた）えないのです？私が教えたら/変（へん）な顔（かお）をしていましたよ。」

❖원문 읽기- / 표시된 부분 유의하며 읽기

嫁にくれる아내로 주다(받다)/ケイに負ける케이에게 지다/手をつく양손을 잡다/変な顔をする이상한 얼굴을 하다

❖ 단어 및 연어 설명

① 본문의 단어와 연어의 의미를 확인하면서 따라 읽기

② 단어와 연어를 불러주면 보지 않고 한국어로 해당 일본어 단어와 연어의 의미 말하기

③ 한국어로 물으면 해당 일본어 단어를 말하기(쓰기)

❖ 문법 분석

① え、ようございますで ようございますは いいですの 공손 표현이다. 실제 회화에서 사용되는 경우는 거의 없다.

❖ 번역하기 ①직역하기 ②의역하기

_____

_____

_____

❖ 통역하기

① 원문을 보면서 한국어로 번역해서 들려주기

② 순차통역하기(1)-원문 한 문장 듣고 한국어로 통역하기

③ 순차통역하기(2)-전체 일본어 원문을 듣고 한국어로 통역하기
④ 전체 문장을 동시통역하기

7-7) 아래의 문장을 읽고 번역과 통역을 합시다.(10:29~)

それから私は/軽蔑を恐れ、ケイを避けてしまいました。そして
てそのうち、/奥さんがすべてを打ち明けてしまったのです。ケ
イは/奥さんにこう言ったそうです。「そうですか。おめでとう
ございます。お祝いをあげたいが、/金がないので/何もあげら
れません。」ケイは立派でした。それを知ってからも/私に対す
る態度は/全く変わりませんでした。

　そして/土曜日の夜明け、/ケイは/自分の部屋で/自ら/命を
絶ちました。「覚悟なら/ないこともない。」は、/しまった。も
う/取り返しがつかない。黒い光が/一瞬で私の未来を貫き/
全生涯を照らしました。その時/私は気づいたのです。私も
結局/私を欺き、/裏切った/あの親類と同じだったことを。こ
の世に何かを働きかける資格など/持っていないことを。

　それから半年後、/私とお嬢さんは/結婚しました。「ね、/あ
なたは一体何を恐れていらっしゃるの。なぜ何も教えてくださ
らないの?」

　あの日から/私は人を信じず、/自分自身も信じず/死ぬよう

に生きています。ですが私は/死ぬ前に/たった一人でいい。人
を信用<ruby>信用<rt>しんよう</rt></ruby>したい。すべてを打ち明けたい。そう、/思っています。

あなたは/そのたった一人になって/くれますか。

❖원문 읽기- / 표시된 부분 유의하며 읽기

❖단어 및 연어 설명

① 본문의 단어와 연어의 의미를 확인하면서 따라 읽기

軽蔑を恐れる경멸을 두려워 하다/ケイを避ける케이를 피하다/全てを打ち明

ける모두 털어놓다/お祝いをあげる축하를 하다/命を絶つ목숨을 끊다/未来を

貫く미래를 관통하다/全生涯を照らす전생애를 비추다/私を欺く나를 속이다

② 단어와 연어를 불러주면 보지 않고 한국어로 해당 일본어 단어와
연어의 의미 말하기

③ 한국어로 물으면 해당 일본어 단어를 말하기(쓰기)

❖문법 분석

① 金がないので/何もあげられません에서 あげられません은 あげます
의 가능동사형이다. "돈이 없어 아무 것도 드릴 수 없습니다"

② あなたは一体何を恐れていらっしゃるの에서 恐れていらっしゃる(두려워하고 계시다)는 恐れている(두려워하고 있다)의 존경표현이다.

❖ 번역하기 ①직역하기 ②의역하기

_____

_____

_____

_____

_____

❖통역하기

① 원문을 보면서 한국어로 번역해서 들려주기

② 순차통역하기(1)-원문 한 문장 듣고 한국어로 통역하기

③ 순차통역하기(2)-전체 일본어 원문을 듣고 한국어로 통역하기

④ 전체 문장을 동시통역하기

Unit 8　風立ちぬ(1936~1938)

堀辰雄 作

(1904~1953)

きくドラ 脚色

　이 작품에서는 시한부 인생을 사는 여주인공의 삶을 통해서 매일의 삶, 상대방의 몸에서 나는 향기, 호흡, 미소, 평범한 회화와 같은 일상이 주는 행복을 그리고 있다. 또한, 이 작품에서는 사랑하는 연인을 떠나보내고 홀로 남겨져도 좌절하지 않고 열심히 살아야 겠다는 메시지를 전달하고 있다.

---

8) 본문을 들으면서 아는 단어(모르는 단어)에 동그라미를 쳐봅시다.

　暑い。夏のある日。一面にすすきの生い茂った草原のなか。お前は立ったまま熱心に絵を描いている。お前は私のそばに来ると、しばらく肩に手をかけあったまま遠い地平線を眺めた。彼方には茜色を帯びた入道雲がぬくぬくしたかたまりに覆われている。まるで暮れかけた空に何かが生まれつつあるように。その時不意に風が立ち、お前の絵を倒した。「あら、

大変、絵が。」すぐに立ち上がろうとするお前を私は失うまいとするかのように離さなかった。そしてお前も私にされるがままにしていた。風立ちぬ。いざいきめやも。無意識にふとボールヴァレリーの詩が口をついて出た。風が吹いた。さあ、生きねばならない。それからお前はやっと私の腕を振りほどき、立ち上がった。「まあ、絵が汚れてしまったわ。ウフフフ」お前は振り返り私に向かってほほ笑んだ。だが、お前のその顔色、そして唇、なんと青ざめていることだろう。

　「思ったより病巣が広がっている。こんなに進行しているとは思わなかった。この療養所で二番目ぐらいに重いかもしれん。」私はお前をつれ、八ヶ岳の療養所に来た。入院当日、院長は私を呼び出すと、お前のレントゲン写真を見せた。そこには黒い花のような病巣が写っている。「大体、療養所の暮らしというのはね、もう行き止まりだと思うところから始まるんだ。あなたが患者の支えになってあげなさい。」

　それから私たちの風変りな愛の生活が始まった。節子は安静を命じられ、一日中ベットで寝ていた。その様子は以前よりずっと病人らしく見える。「私がこんな体であなたに申し訳ないわ。」お前は囁く。だが、お前は知らないだろう。お前そのはかなさがお前をより愛しくさせていることを。そのうち、

お前は急に顔を上げて私の顔をじっと見つめた。「私、なんだか急に生きたくなったわ。あなたのおかげよ。」風立ちぬ。いざ生きめやも。忘れていたことばが不意に蘇った。

　季節は今までの遅れを取り戻すかのように急速に進み始めた。鳥たちはさえずり、周囲の新緑は病窓の中までもさわやかに色づかせた。そしてそこにあるお前の匂い、呼吸、ほほ笑み、平凡な会話、あとには何も残らないような毎日がこの上なく幸福であった。「ねえ、あなた、そろそろお仕事したいんじゃなくて? 私の相手ばかりで申し訳ないわ。」

　私はそのころお前とのことを小説にしようと思っていた。今のお前との日々。私たちがお互いに与えあっているこの幸福。誰もがもう行き止まりだと思っているところ。そこから始まっているようなこの生の楽しさ。誰も知らないこの幸福を何かに置き換えたかったのだ。「ウフフフ、じゃ、私、あなたのお仕事が終わるまでは頭の先から爪先まですっかり幸福でいなくちゃいけないわね?」

　お前のいじらしい気持ちが私の心を締めつける。それから私たちはしばらく無言のまま、同じ風景を見入っていた。「ね、あなたはいつか言ったわね。自然が本当に美しいと思えるのは死んでいくものの目にだけだって。ハ、いえ、私たちの今の

暮らし、ずっと後になって思い出したらきっとどんなに美しいでしょうね。」私は聞こえないふりをした。

　そしてそれからもう一度山の方へ眼をやった。しかしその時にはもうあの美しさは消えていた。私はお前の上にかがみこみ、額にそっと接吻をしてやる。やがて気が付くと、部屋の中はもうすっかりと暗くなっていた。

　そして一年の月日が流れた。あの日、お前を失ってから。私は今、山奥の村で一人暮らしている。昔よくお前と絵を描きに行ったあの村で。小説はまだ書き終えていない。私は今人並み以上に幸福でもなければ不幸でもない。私がこんな風に生きていられるのは、みんなお前のおかげだ。私の心は今でもお前の愛で満たされている。それほどまでのお前は何も求めずに私を愛してくれた。風がざわめいている。この風は、遠く、遠く、ずっと遠くから吹いてきたのだろう。見ると、私の足元で落ち葉が二つさらさらっと弱い音を立てながら移ろっていた。そして風の後ろ髪が私を包んだとき、私はふとあの詩を口ずさんでいた。風立ちぬ。いざ生きめやも。

8-1) 아래의 문장을 읽고 번역과 통역을 합시다.(~02:35)

　暑い。夏のある日。一面にすすきの生い茂った草原のなか。お前は立ったまま/熱心に絵を描いている。お前は私のそばに来ると、/しばらく肩に手をかけあったまま/遠い地平線を眺めた。彼方には/茜色を帯びた入道雲が/ぬくぬくしたかたまりに覆われている。まるで/暮れかけた空に/何かが生まれつつあるように。

　その時不意に風が立ち、お前の絵を倒した。「あら、/大変、/絵が。」すぐに立ち上がろうとするお前を/私は/失うまいとするかのように/離さなかった。そしてお前も/私にされるがままにしていた。風立ちぬ。いざ/いきめやも。無意識にふと/ボールヴァレリーの詩が口をついて出た。風が吹いた。さあ、/生きねばならない。それからお前は/やっと私の腕を振りほどき、/立ち上がった。「まあ、/絵が汚れてしまったわ。ウフフフ」お前は振り返り/私に向かって微笑んだ。だが、/お前の/その顔色、/そして唇、/なんと/青ざめていることだろう。

❖원문 읽기- / 표시된 부분 유의하며 읽기

❖단어 및 연어 설명

① 본문의 단어와 연어의 의미를 확인하면서 따라 읽기

絵を描く그림을 그리다/肩に手をかける어깨에 손을 걸치다/地平線を眺める

지평선을 바라보다/茜色を帯びる자줏색을 띠다/風が立つ바람이 일다/絵を倒

す그림을 넘어뜨리다/すぐに立ち上がる바로 일어나다/口をつく무심코 입에 나오

다/風が吹く바람이 불다/絵が汚れる그림이 더럽혀지다

② 단어와 연어를 불러주면 보지 않고 한국어로 해당 일본어 단어와

연어의 의미 말하기

③ 한국어로 물으면 해당 일본어 단어를 말하기(쓰기)

❖문법 분석

① しばらく肩に手をかけあったまま에서 かけあったまま는 かけあう의

과거형＋まま가 결합한 것이다. まま는 "-한 채"로 번역된다.

② お前を/私は/失うまいとするかのように/離さなかった에서 失うま

い는 失う＋まい로 분해된다. まい는 두 가지의 의미용법을 가진

다. 하나는 부정 추측, 다른 하나는 부정 의지이다. 전자의 경우는

"-하지 않을 것이다", 후자의 경우는 "-하지 않겠다"로 번역된다.

어느 쪽으로 번역할지는 문맥이 결정해주므로 그리 염려하지 않

아도 된다.

③ そしてお前も/私にされるがままにしていた에서 私にされるがまま는

私にされるままろ 표현되어도 상관이 없다. 수동형이지만, 한국어로 번역할 경우 능동형으로 번역하는 것이 자연스럽다. "내가 하는 대로"

❖번역하기 ①직역하기 ②의역하기

_____

_____

_____

_____

_____

❖통역하기

① 원문을 보면서 한국어로 번역해서 들려주기

② 순차통역하기(1)-원문 한 문장 듣고 한국어로 통역하기

③ 순차통역하기(2)-전체 일본어 원문을 듣고 한국어로 통역하기

④ 전체 문장을 동시통역하기

8-2) 아래의 문장을 읽고 번역과 통역을 합시다.(02:36~05:05)

「思ったより病巣が広がっている。こんなに進行しているとは思わなかった。この療養所で/二番目ぐらいに/重いかもしれん。」私はお前をつれ、/八ヶ岳の療養所に来た。入院当日、/院長は私を呼び出すと、/お前のレントゲン写真を見せた。そこには/黒い/花のような病巣が写っている。「大体、/療養所の暮しというのはね、/もう行き止まりだと思うところから始まるんだ。あなたが/患者の支えになってあげなさい。」

それから私たちの/風変わりな愛の生活が始まった。節子は安静を命じられ、/一日中/ベットで寝ていた。その様子は以前より/ずっと病人らしく見える。「私がこんな体で/あなたに申し訳ないわ。」お前は囁く。だが、/お前は知らないだろう。お前のそのはかなさが/お前をより/愛しくさせていることを。そのうち、/お前は急に顔を上げて/私の顔を/じっと見つめた。「私、/なんだか急に生きたくなったわ。あなたのおかげよ。」風立ちぬ。いざ/生きめやも。忘れていたことばが/不意に蘇った。

❖ 원문 읽기- / 표시된 부분 유의하며 읽기

❖단어 및 연어 설명

① 본문의 단어와 연어의 의미를 확인하면서 따라 읽기

病巣が広がる병소가 퍼지다/お前をつれる너를 데리고 오다(가다)/私を呼び

出す나를 불러내다/写真を見せる사진을 보여주다/病巣が写る병소가 찍히다/生

活が始まる생활이 시작되다/安静を命じる안정을 명하다/ベットでねる침대에

눕다/顔をあげる얼굴을 들다/顔をじっと見つめる얼굴을 물끄러미 주시하다

② 단어와 연어를 불러주면 보지 않고 한국어로 해당 일본어 단어와
연어의 의미 말하기

③ 한국어로 물으면 해당 일본어 단어를 말하기(쓰기)

❖번역하기 ①직역하기 ②의역하기

_____

_____

_____

_____

_____

❖통역하기

① 원문을 보면서 한국어로 번역해서 들려주기

② 순차통역하기(1)-원문 한 문장 듣고 한국어로 통역하기

③ 순차통역하기(2)-전체 일본어 원문을 듣고 한국어로 통역하기

④ 전체 문장을 동시통역하기

8-3) 아래의 문장을 읽고 번역과 통역을 합시다.(05:06~07:05)

　季節は/今までの遅れを/取り戻すかのように/急速に進み始めた。鳥たちはさえずり、/周囲の新緑は/病室の中までも/さわやかに色づかせた。そして/そこにある/お前の匂い、/呼吸、/ほほ笑み、/平凡な会話、/あとには何も残らないような毎日が/この上なく幸福であった。「ねえ、/あなた、そろそろ/お仕事したいんじゃなくて?私の相手ばかりで/申し訳ないわ。」

　私はそのころ/お前とのことを小説にしようと思っていた。今の/お前との日々。私たちが/お互いに与えあっている/この幸福。誰もが/もう行き止まりだと思っているところ。そこから始まっているような/この生の楽しさ。誰も知らないこの幸福を何かに置き換えたかったのだ。「ウフフフ、/じゃ、/私、/あなたのお仕事が終わるまでは/頭の先から爪先まで/すっかり幸福でいなくちゃいけないわね。」

❖원문 읽기- / 표시된 부분 유의하며 읽기

❖단어 및 연어 설명

① 본문의 단어와 연어의 의미를 확인하면서 따라 읽기

仕事が終る일이 끝나다/頭の先から爪先まで머리끝에서 발끝까지

② 단어와 연어를 불러주면 보지 않고 한국어로 해당 일본어 단어와

연어의 의미 말하기

③ 한국어로 물으면 해당 일본어 단어를 말하기(쓰기)

❖문법 분석

① そろそろ/お仕事(しごと)したいんじゃなくて "슬슬 일을 하고 싶지 않아요?"

② この生の楽しさで 楽しさ(즐거움)는 楽しい(즐겁다)의 어간 楽し

에 명사성 접미사 さ가 결합한 것이다. 이 명사성 접미사는 상당

히 생산적으로 형용사 어간에 결합한다.

③ すっかり幸福でいなくちゃいけない는 すっかり幸福でいなくてはい

けない의 축약형이다. 회화체에서는 축약형이 사용된다.

❖ 번역하기 ①직역하기 ②의역하기

_____

_____

_____

_____

❖ 통역하기

① 원문을 보면서 한국어로 번역해서 들려주기

② 순차통역하기(1)-원문 한 문장 듣고 한국어로 통역하기

③ 순차통역하기(2)-전체 일본어 원문을 듣고 한국어로 통역하기

④ 전체 문장을 동시통역하기

8-4) 아래의 문장을 읽고 번역과 통역을 합시다.(07:06~)

　お前のいじらしい気持ちが/私の心を締め付ける。それか
ら私たちは/しばらく無言のまま、/同じ風景を見入っていた。
「ね、/あなたはいつか言ったわね。自然が本当に美しいと思
えるのは/死んでいくものの目にだけだって。ハ、/いえ、/私た
ちの今の暮らし、/ずっと後になって思い出したら/きっとどん
なに美しいでしょうね。」私は聞こえないふりをした。

そして/それからもう一度/山の方へ眼をやった。しかし/その時にはもう/あの美しさは消えていた。私はお前の上にかがみこみ、/額にそっと接吻をしてやる。やがて気がつくと、/部屋の中はもう/すっかりと/暗くなっていた。

そして/一年の月日が流れた。あの日、/お前を失ってから…。私は今、/山奥の村で/一人暮らしている。昔よく/お前と絵を描きに行った/あの村で。小説はまだ/書き終えていない。私は今/人並み以上に幸福でもなければ/不幸でもない。私がこんな風に生きていられるのは、/みんなお前のおかげだ。私の心は今でも/お前の愛で満たされている。

それほどまでのお前は何も求めずに/私を愛してくれた。風が/ざわめいている。この風は、/遠く、/遠く、/ずっと遠くから/吹いてきたのだろう。見ると、/私の足下で/落ち葉が二つ/さらさらっと/弱い音を立てながら/移ろっていた。そして/風の後ろ髪が私を包んだとき、/私はふと/あの詩を口ずさんでいた。風立ちぬ。いざ/生きめやも。

❖원문 읽기- / 표시된 부분 유의하며 읽기

❖단어 및 연어 설명

① 본문의 단어와 연어의 의미를 확인하면서 따라 읽기

心を締め付ける마음을 조으다/風景を見入る풍경을 넋을 잃고 바라보다/聞こえないふりをする안 들리는 척을 하다/眼をやる눈을 주다/接吻をする입을 맞추다/気が付く생각이 들다, 알아차리다/月日が流れる세월이 흐르다/お前を失う너를 잃다/絵を描く그림을 그리다/愛で満たされる사랑으로 채워지다/私を愛する나를 사랑하다/音を立てる소리를 내다/私を包む나를 감싸다/詩を口ずさむ시를 읊조리다

② 단어와 연어를 불러주면 보지 않고 한국어로 해당 일본어 단어와 연어의 의미 말하기

③ 한국어로 물으면 해당 일본어 단어를 말하기(쓰기)

❖번역하기 ①직역하기 ②의역하기

_____

_____

_____

_____

_____

❖통역하기

① 원문을 보면서 한국어로 번역해서 들려주기

② 순차통역하기⑴-원문 한 문장 듣고 한국어로 통역하기

③ 순차통역하기⑵-전체 일본어 원문을 듣고 한국어로 통역하기

④ 전체 문장을 동시통역하기

Unit 9 初恋(1860)

イワン・ツルゲーネフ 作

(1818~1883)

きくドラ 脚色

　소년도 청년도 아닌 남자 주인공이 어느 날 눈부시게 아름답고, 사랑스러우며, 총명하며, 친절하고 기품이 있는 연상의 아가씨를 보고 첫눈에 반한다. 사랑에 빠진 남자 주인공에게는 일상이 기쁨이며, 사랑이고, 감동이고, 기적이며, 희망이었다. 그리고 그녀를 위해서라면 죽음도 불사를 수 있는 용감한 사랑의 전사이기도 하였다. 그러나 끝내 사랑의 쓴잔을 마신 남자 주인공은 잔인한 청춘을 향해 울부짖는데…

9) 본문을 들으면서 아는 단어(모르는 단어)에 동그라미를 쳐봅시다.

　「あら、あなた。なんでそんなに私を見つめていらっしゃるの?」16歳のあの夏、あの初恋。別荘で彼女と過ごした日々を私は生涯忘れない。

　「ジナイダー、知り合いかい。」「ここらじゃ見ない顔だな。」「おい、君、そんなにご婦人の顔を見つめちゃいけない

よ。どこのご子息だい。」「あら、私、ちっともいやじゃないわ
よ。あなた、お名前は。」「ウラジミール、ウラジミール・ペド
ロービチです。」「ねえ、ウラジミール。私、あなたの顔が気に
入ったわ。私はジナイーダ、21歳よ。噴水の近くに住んでいる
の。あなたとはきっと仲良くなれそうだわ。」彼女は目鼻立ち
から何までほっそりと洗練され、実に聡明で愛らしかった。夏
の日差しが彼女のふさふさした金髪や清らかな首筋、そして安
らかな胸に降り注いでいる。「ねえ、ウラジミール、今夜8時う
ちにいらっしゃい。」「おやおや、ジナイーダ、この若ものをお
小姓にでもするつもりで?」「いい?噴水の家よ。待ってるわ。」
彼女はにっこり笑ってとりまきの男たちと去っていた。

　「どうした、ウラジミール。友達でもできたか。」「父さん。」
「おや、あれはこの近くのお嬢さんじゃないか。知り合いか?」
「え、お父さん。たった今。」「そうか、美しい娘だな。」私は
恋を知った。その感動ととろけるばかりの喜びに酔いしれた。
私は今、子供でも少年でもなく恋する人になったのだ。

　「いらっしゃい。可愛いウラジミール。よく来てくれたわ
ね。」「これは、これは幸運なお小姓さん。まさか本当に来る
とは。ほっと失礼。」ジナイーダの部屋は陽気な声で溢れて
いた。彼女の周りには昼間の男たちがひしめき合っている。こ

の賑やかな男がルーシンというらしい。「さあ、ルーシン。彼にも札を渡してちょうだい。」「君は全くいいところに来たね。さあ、札を一枚とりなさい。」「え、なんです?いったい。」「いいから、いいから。さあ、何が書いてある?」「えっと、キ、キス。」「何、おい、嘘だろう。」「まあ、この人に当たったわ。」「おめでとう。ウラジミール君。今ね、われわれはあるものをかけてゲームをしていたんだ。で、そのあるものというのはね。なんと彼女とのキスさ。さあ、ウラジミール君、女王の手に接吻を。」「まあ、うれしいわ。ウラジミール。ねえ、あなたはうれしくなくて?」ジナイーダは何とも言えない甘い目つきで私を覗き込む。私の心臓はわっとばかりに躍り立ち、目の前が暗くなってしまった。そして私は恐ろしく不器用に彼女の指に唇をふれた。

「ブラボー、よろしい。」「ありがとう。私の可愛いぼうや。」ああ、ジナイーダ。私は生涯あなたを愛します。崇拝します。あなたがお命じになれば、あの崖からだって飛び降ります。その日から私は幸福であった。毎日、足しげく彼女の家に通い、ささやかな寵愛を受けた。

「ウラジミール。何だか最近生き生きとしている。」「え、お父さん、とても。」「うん、やはり別荘に来て正解だったよう

だ。」普段冷淡な父も心なしかうれしそうだ。まさにすべてが
輝いていた。

　そんなある日、「時にウラジミール君、君は最近、職務怠慢
ではありませんか。」私は道端でルーシンに出くわした。「い
いかい。お小姓というのはね、昼も夜も女王から離れてはいけ
ないのですよ。特に夜というのは、災いが起こりがちですから
ね。」「災い？どういう意味です？」

　「まあまあ、悪いことは言わない。今夜、彼女の家を見張っ
てごらんなさい。いいね。では失敬。」「あら、ウラジミール。何
を話していたの。」「あ、ジナイーダ」「まあ、どうしたの？そん
な顔をして。もしかして私がルーシンを好きだと思っているん
じゃない？バカね。可愛いお小姓さん。私、ルーシンのことな
んて何とも思ってないわよ。私が好きなのはね、私を上から征
服してくれるようなそんな人なの。」その時、私はふと父の言
葉を思い出した。「いいか。ウラジミール。ほしいものは自らの
手でつかめ。欲することができれば人は自由にもなれるし、征
服もできるのだ。」

　なぜ今、父の言葉を？その夜、私はルーシンの言葉が引っか
かっていたこともあり、彼女の家を見張ることにした。静かな
夜だった。私は噴水のほとりに隠れ、彼女の部屋を見張った。

だが、1時間、2時間待ってもねずみ一匹通らない。やはりルーシンの与太話だったのだろうか。私は安心して帰ろうとした。その時、誰かがまっすぐ家の方へ進んでいく。恐ろしさと憎しみとで髪の毛がうごめいた。くそ、いったい誰が私のジナイーダを?すると、その瞬間、隠れていた月の光がその影を照らし出した。あれは何ということだ。あれは私の、私の父ではないか。「いいか。ウラジミール。ほしいものは自らの手でつかめ。」

「私が好きなのはね。上から征服してくれるようなそんな人なの。」一切は終わりを告げた。私の心の花は残らず、もぎ取られ、散っていった。投げ散らされ、踏みにじられて…。

　そしてあの夏から数年が経った。父はもうこの世にはいない。私は今年、大学を卒業しぶらぶらしていた。あの夏以来、たいそう年をとってしまった気がする。「おや、ウラジミール君、ウラジミール君じゃないか。アハハハ。大きくなったなあ。」ある時、私は都会でルーシンと再会した。「ところで君は知っていますか。われわれがさんざん恋をしたあのジナイーダのことを。」「ジナイーダ、あっ、いいえ、あれから一度も。」

「そうですか。実は彼女はつい先日、大変お気の毒ですが、亡くなりましたよ。」「な、なんですって?」

　「あなた、なんで私を見つめてらっしゃるの。私、あなたが

好きよ。あなたは私を愛していなくって?まあ、また、あなたなの?フフフ、さあ、こっちにいらっしゃい。可愛い可愛い。私の坊や。」

　ああ、青春よ、青春よ。お前はこの宇宙のあらゆる財宝を一人占めにしていく。初恋のあの頃、私はなんと希望に満ちていただろう。なんという輝かしい未来を思い描いていただろう。だが、お前は一切を成しうると思わせておきながら何も実現させはしなかった。ああ、青春よ。悲哀こそお前には似つかわしい。だが、今、人生に夕べの影が差し始めた今、あの清々しく懐かしい思い出に勝るものなど何もない。やがて私はジナイーダのために、そして自分のためにしみじみと祈りたい気分になった。

　「可愛い可愛い。私の坊や。」

9-1) 아래의 문장을 읽고 번역과 통역을 합시다.(~02:03)

　「あら、あなた。なんでそんなに私を見つめて주시하다いらっしゃるの?」16歳のあの夏、/あの初恋。別荘で彼女と過した日々を/私は生涯忘れない。「ジナイーダ、知り合いかい。」「ここらじゃ/見ない顔だな。」「おい、君、/そんなにご婦人の顔を見

つめちゃいけないよ。どこのご子息だい。」「あら、私、/ちっともいやじゃないわよ。あなた、/お名前は。」「ウラジミール、ウラジミール・ペドロービチです。」

　「ねえ、ウラジミール。私、/あなたの顔が気に入ったわ。私はジナイーダ、21歳よ。噴水の近くに住んでいるの。あなたとはきっと/仲よくなれそうだわ。」彼女は/目鼻立ち이목구비から何まで/ほっそりと洗練され、/実に聡明で愛らしかった。夏の日差しが/彼女のふさふさした金髪や/清らかな首筋목덜미、/そして/安らかな胸に/降り注いでいる。「ねえ、ウラジミール、/今夜8時/家にいらっしゃい。」「おやおや、/ジナイーダ、この若者を/お小姓시종にでもするつもりで?」「いい?噴水の家よ。待ってるわ。」彼女はにっこり笑って/とりまきの男たちと去っていた。

❖원문 읽기- / 표시된 부분 유의하며 읽기

❖단어 및 연어 설명

① 본문의 단어와 연어의 의미를 확인하면서 따라 읽기

　彼女と過した日々그녀와 보낸 나날들/顔を見つめる얼굴을 뚫어지게 쳐다보다/

気に入る마음에 들다/仲よくなる사이가 좋아지다/ふさふさした金髪풍성한 금발/にっこり笑う방긋 웃다

② 단어와 연어를 불러주면 보지 않고 한국어로 해당 일본어 단어와 연어의 의미 말하기

③ 한국어로 물으면 해당 일본어 단어를 말하기(쓰기)

❖문법 분석

① 顔を見つめちゃいけないよ는 顔を見つめてはいけないよ의 축약형이다. 이 축약형은 비격식체로 반드시 회화체에서만 사용된다.

② あなたとはきっと/仲よくなれそうだわ의 仲よくなれそうだ에는 두 가지의 문법 단위가 결합하였다. 즉, 형용사 よい에 なる의 가능형 어간이 결합하고 다시 추량을 나타내는 そうだ가 결합하였다. 번역하면 "당신과는 사이가 좋아질 수 있을 것 같아요"가 된다.

❖번역하기 ①직역하기 ②의역하기

_____

_____

_____

_____

❖통역하기

① 원문을 보면서 한국어로 번역해서 들려주기

② 순차통역하기(1)-원문 한 문장 듣고 한국어로 통역하기

③ 순차통역하기(2)-전체 일본어 원문을 듣고 한국어로 통역하기

④ 전체 문장을 동시통역하기

9-2) 아래의 문장을 읽고 번역과 통역을 합시다.(02:04~03:24)

「どうした。ウラジミール。友(とも)だちでもできたか。」「父さん。」「おや、/あれは/この近くのお嬢さんじゃないか。知り合いか。」「え、/お父さん。たった今(とう)。」「そうか、/美しい娘だな。」私は恋を知った。その感動(かんどう)と/とろけるばかりの喜びに酔(よ)いしれた。私は今、/子供でも/少年(しょうねん)でもなく/恋(こい)する人になったのだ。

「いらっしゃい。可愛(かわい)いウラジミール。よく来てくれたわね。」「これは、これは幸運(こううん)なお小姓(こしょう)さん。まさか本当に来るとは。ほっと/失礼。」ジナイーダの部屋は/陽気(ようき)な声(こえ)で溢(あふ)れていた。彼女の周(まわ)りには/昼間(ひるま)の男たちがひしめき合っている。この賑(にぎ)やかな男が/ルーシンというらしい。「さあ、ルーシン。彼にも札(ふだ)を渡(わた)してちょうだい。

❖원문 읽기- / 표시된 부분 유의하며 읽기

❖단어 및 연어 설명
① 본문의 단어와 연어의 의미를 확인하면서 따라 읽기

友だちができる친구가 생기다/恋を知る사랑을 알다/陽気な声で溢れる쾌

활한 소리로 넘치다/札を渡す표를 건네다

② 단어와 연어를 불러주면 보지 않고 한국어로 해당 일본어 단어와

연어의 의미 말하기

③ 한국어로 물으면 해당 일본어 단어를 말하기(쓰기)

❖문법 분석
① 彼にも札を渡してちょうだいで서 ちょうだいと 여성이나 아이들이

사용하는 표현이다.

❖번역하기 ①직역하기 ②의역하기

_____

_____

_____

❖통역하기

① 원문을 보면서 한국어로 번역해서 들려주기

② 순차통역하기(1)-원문 한 문장 듣고 한국어로 통역하기

③ 순차통역하기(2)-전체 일본어 원문을 듣고 한국어로 통역하기

④ 전체 문장을 동시통역하기

9-3) 아래의 문장을 읽고 번역과 통역을 합시다.(03:25~05:21)

「君は全くいいところに来たね。さあ、/札を一枚とりなさい。」「え、なんです。いったい。」「いいから、/いいから。さあ、/何が書いてある?」「えっと、/キ、/キス。」「何、/おい、/嘘だろう。」「まあ、/この人に当たったわ。」「おめでとう。ウラジミール君。今ね、/われわれは/あるものをかけて/ゲームをしていたんだ。で、/そのあるものというのはね。なんと/彼女とのキスさ。さあ、ウラジミール君、女王の手に/接吻を。」「まあ、うれしいわ。ウラジミール。ねえ、/あなたはうれしくなくて?」

ジナイーダは/何とも言えない甘い目付き눈매で/私を覗き込む들여다보다。私の心臓は/わっとばかりに踊り立ち、/目の前が暗くなってしまった。そして私は/恐ろしく不器用に서툴다/彼女の指に/唇をふれた。「ブラボー、/よろしい。」「ありがとう。私の可愛いぼうや。」ああ、/ジナイーダ。私は生涯/あなたを愛

します。崇拝<ruby>崇拝<rt>すうはい</rt></ruby>します。あなたがお命じになれば、/あの崖<ruby>崖<rt>がけ</rt></ruby>から
だって/<ruby>飛<rt>と</rt></ruby>び<ruby>降<rt>お</rt></ruby>ります。その日から/私は<ruby>幸福<rt>こうふく</rt></ruby>であった。<ruby>毎日<rt>まいにち</rt></ruby>、
<ruby>足<rt>あし</rt></ruby>しげく彼女の家に通い、/ささやかな<ruby>寵愛<rt>ちょうあい</rt></ruby>を受けた。

❖원문 읽기- / 표시된 부분 유의하며 읽기

❖단어 및 연어 설명

① 본문의 단어와 연어의 의미를 확인하면서 따라 읽기

札をとる 표를 짚다/唇をふれる 입술을 대다/寵愛を受ける 총애를 받다

② 단어와 연어를 불러주면 보지 않고 한국어로 해당 일본어 단어와
연어의 의미 말하기

③ 한국어로 물으면 해당 일본어 단어를 말하기(쓰기)

❖문법 분석

① あなたがお命じになれば의 お命じになれば에는 4가지의 문법 형식
이 결합하였다. お(존경 접두어)＋命じ(命じる의 연용형)＋になる(존
경 형식)＋ば(가정 형식)이다. 번역하면 "당신이 명령하시면"이 된다.

❖번역하기 ①직역하기 ②의역하기

_____

_____

_____

_____

❖통역하기

① 원문을 보면서 한국어로 번역해서 들려주기

② 순차통역하기(1)-원문 한 문장 듣고 한국어로 통역하기

③ 순차통역하기(2)-전체 일본어 원문을 듣고 한국어로 통역하기

④ 전체 문장을 동시통역하기

9-4) 아래의 문장을 읽고 번역과 통역을 합시다.(05:22~07:29)

　「ウラジミール。何だか最近生き生きとしている。」「え、お
父さん、とても。」「うん、やはり別荘に来て正解だったよう
だ。」普段/冷淡な父も/心なしかうれしそうだ。まさに/すべて
が輝いていた。そんなある日、/「時に/ウラジミール君、/君は
最近、/職務怠慢ではありませんか。」私は道端で/ルーシンに
出くわした。「いいかい。お小姓というのはね、/昼も/夜も/<u>女</u>

王から離れてはいけないのですよ。特に/夜というのは、/災いが起こりがちですからね。」「災い? どういう意味です。」

「まあまあ、/悪いことは言わない。今夜、/彼女の家を見張ってごらんなさい。いいね。では失敬。」「あら、ウラジミール。何を話していたの。」「あ、ジナイーダ」「まあ、/どうしたの? そんな顔をして。もしかして/私がルーシンを好きだと思っているんじゃない? バカね。可愛いお小姓さん。私、/ルーシンのことなんて/何とも思ってないわよ。私が好きなのはね、/私を/上から征服してくれるような/そんな人なの。」その時、/私はふと/父の言葉を思い出した。「いいか。ウラジミール。ほしいものは自らの手でつかめ。欲することができれば/人は自由にもなれるし、征服もできるのだ。」

❖원문 읽기- / 표시된 부분 유의하며 읽기

❖단어 및 연어 설명

① 본문의 단어와 연어의 의미를 확인하면서 따라 읽기

冷淡な父 냉담한 아버지/女王から離れる 여왕에게서 벗어나다/彼女の家を見張る 그녀의 집을 망보다/父の言葉を思い出す 아버지의 말을 생각해내다

② 단어와 연어를 불러주면 보지 않고 한국어로 해당 일본어 단어와 연어의 의미 말하기

③ 한국어로 물으면 해당 일본어 단어를 말하기(쓰기)

❖문법 분석

① 災^{わざわ}いが起^おこりがちですからね에서 起こりがち는 起こり(起こる의 연용형)＋がち(〜하기 쉽다)로 분해된다. 따라서 起^おこりがちですからね를 번역하면 "일어나기 쉬우니까요"가 된다.

❖번역하기 ①직역하기 ②의역하기

_____

_____

_____

_____

❖통역하기

① 원문을 보면서 한국어로 번역해서 들려주기

② 순차통역하기(1)-원문 한 문장 듣고 한국어로 통역하기

③ 순차통역하기(2)-전체 일본어 원문을 듣고 한국어로 통역하기

④ 전체 문장을 동시통역하기

9-5) 아래의 문장을 읽고 번역과 통역을 합시다.(07:30~09:39)

　なぜ今、/父の言葉を?その夜、/私は/ルーシンの言葉が引っかかっていたこともあり、彼女の家を見張ることにした。静かな夜だった。私は噴水のほとりに隠れ、/彼女の部屋を見張った。だが、/1時間、/2時間待ってもねずみ一匹通らない。やはり/ルーシンの与太話だったのだろうか。私は/安心して帰ろうとした。その時、/誰かが/まっすぐ家の方へ進んでいく。恐ろしさと憎しみとで/髪の毛がうごめいた。くそ、/一体/誰が/私のジナイーダを。

　すると、その瞬間、/隠れていた月の光が/その影を照らし出した。あれは/何ということだ。あれは私の、/私の父ではないか。「いいか。ウラジミール。ほしいものは自らの手でつかめ。」「私が好きなのはね。上から征服してくれるような/そんな人なの。」一切は終りを告げた。私の心の花は/残らずもぎ取られ、/散っていった。投げ散らされ、/踏にじられて...。

❖ 원문 읽기– / 표시된 부분 유의하며 읽기

❖ 단어 및 연어 설명
  ① 본문의 단어와 연어의 의미를 확인하면서 따라 읽기

   言葉が引かかる말이 걸리다/髪の毛がうごめく머리카락이 꿈틀거리다/影を

   照らす그림자를 비추다/終りを告げる마지막을 고하다

  ② 단어와 연어를 불러주면 보지 않고 한국어로 해당 일본어 단어와

   연어의 의미 말하기

  ③ 한국어로 물으면 해당 일본어 단어를 말하기(쓰기)

❖ 문법 분석
  ① ほしいものは/自^{みずか}らの手でつかめ에서 つかめ는 つかむ의 명령형이다.

❖ 번역하기 ①직역하기 ②의역하기

  _____

  _____

  _____

  _____

❖통역하기

① 원문을 보면서 한국어로 번역해서 들려주기

② 순차통역하기(1)-원문 한 문장 듣고 한국어로 통역하기

③ 순차통역하기(2)-전체 일본어 원문을 듣고 한국어로 통역하기

④ 전체 문장을 동시통역하기

9-6) 아래의 문장을 읽고 번역과 통역을 합시다. (09:40~11:01)

　そして/あの夏から数年が経った。父はもう/この世にはいない。私は今年、/大学を卒業し/ぶらぶらしていた。あの夏以来、/大層/年をとってしまった気がする。「おや、/ウラジミール君、ウラジミール君じゃないか。アハハハ。大きくなったなあ。」ある時、私は都会でルーシンと再会した。「ところで/君は知っていますか。われわれがさんざん恋をした/あのジナイーダのことを。」「ジナイーダ、あっ、いいえ、あれから一度も。」「そうですか。実は/彼女はつい先日、/大変お気の毒ですが、亡くなりましたよ。」「な、/なんですって?」

❖원문 읽기- / 표시된 부분 유의하며 읽기

❖ 단어 및 연어 설명

① 본문의 단어와 연어의 의미를 확인하면서 따라 읽기

数年が経つ수년이 지나다/年をとる나이를 먹다/恋をする사랑을 하다

② 단어와 연어를 불러주면 보지 않고 한국어로 해당 일본어 단어와

연어의 의미 말하기

③ 한국어로 물으면 해당 일본어 단어를 말하기(쓰기)

❖ 번역하기 ①직역하기 ②의역하기

_____

_____

_____

_____

_____

❖ 통역하기

① 원문을 보면서 한국어로 번역해서 들려주기

② 순차통역하기(1)-원문 한 문장 듣고 한국어로 통역하기

③ 순차통역하기(2)-전체 일본어 원문을 듣고 한국어로 통역하기

④ 전체 문장을 동시통역하기

「あなた /なんで私を見つめてらっしゃるの。私、/あなたが好きよ。あなたは /私を愛していなくって?まあまた、あなたなの? フフフ、/さあこっちにいらっしゃい。可愛い可愛い。私の坊や。」

ああ、/青春よ、/青春よ。お前は /この宇宙のあらゆる財宝を一人占めにしていく。初恋のあの頃、/私はなんと希望に満ちていただろう。なんという輝かしい未来を /思い描いていただろう。だが、/お前は一切を成しうると思わせておきながら /何も実現させはしなかった。ああ、/青春よ。悲哀こそ /お前には似つかわしい。だが、/今、/人生に /夕べの影が差し始めた今、/あの /清々しく /懐かしい思い出に勝るものなど /何もない。やがて私は /ジナイーダのために、/そして /自分のために /しみじみと /祈りたい気分になった。「可愛い可愛い。私の坊や。」

❖원문 읽기- / 표시된 부분 유의하며 읽기

❖단어 및 연어 설명

① 본문의 단어와 연어의 의미를 확인하면서 따라 읽기

財宝を一人占めにする재화와 보물을 독차지하다/希望に満ちる희망에 차다/

輝かしい未来휘황찬란한 미래/影が差す그림자가 지다

② 단어와 연어를 불러주면 보지 않고 한국어로 해당 일본어 단어와

연어의 의미 말하기

③ 한국어로 물으면 해당 일본어 단어를 말하기(쓰기)

❖문법 분석

① あなた/なんで私を見つめてらっしゃるの의 見つめてらっしゃる에

보듯 いらっしゃる가 보조동사로 회화에서 사용될 경우, い가 흔

히 생략된다.

② 何も実現させはしなかった에서 주제격 조사 は의 존재를 꼼꼼히

인식하면서 번역을 하도록 하자.

❖번역하기 ①직역하기 ②의역하기

_____

_____

_____

❖통역하기

① 원문을 보면서 한국어로 번역해서 들려주기

② 순차통역하기⑴-원문 한 문장 듣고 한국어로 통역하기

③ 순차통역하기⑵-전체 일본어 원문을 듣고 한국어로 통역하기

④ 전체 문장을 동시통역하기

Unit 10 舞姫(1890)

森鴎外 作

(1862~1922)

きくドラ 脚色

오타 도요타로(大田豊太郎)는 독일에 파견된 외교관이다. 그곳 독일에서 우연한 계기로 빅토리아 극장의 유명한 무희를 만나 사랑을 하게되고, 머지않아 그 무희는 오타 도요타로의 아이를 가지게 된다. 신분의 차 때문인지, 그녀는 무슨 일이 있더라도 자신을 버리지 말라고 도요타로에게 입버릇처럼 말한다. 그러나 결국에는 남편의 친구 아이자와(相沢)로 인해 둘은 생이별을 하게 되고 그녀는 아이를 가진 채 정신이상자가 되고 마는데….

10) 본문을 들으면서 아는 단어(모르는 단어)에 동그라미를 쳐봅시다.

駐在先のベルリンで私は舞姫に恋をした。彼女は16歳で名はエリス。名門ビクトリア座のトップダンサーだ。私はひょんなことから彼女に金を貸し、それ以来交際は続いている。「豊太郎さま、お手紙ですよ。」「ありがとう。エリス。お、嬉しいな。

相沢ていう友人からだよ。日本で大臣の秘書官をしているんだ。なになに、オオ。今、仕事でベルリンに来ているらしい。大臣を紹介してくれるってさ。」「まあ、大臣さまに？では失礼のないようにしませんとね。早速用意をしましょう。」彼女はまるで愛息子を送り出すように浮き浮きと支度を始めた。豊かな金髪をゆらし、長い手足と美しい所作で僕を着飾ってくれる。「まあ、こうして立派なお姿になると、なんだか私の豊太郎さまではないみたい。ねえ、豊太郎さま、どうか富貴なご身分になっても私を見捨てないでくださいね。」大げさなエリスに微笑みかけ、私は親友相沢の待つホテルに向かった。

　「やあ、豊太郎君。久しぶりだね。」「おお、相沢君！どうだい。ベルリンは？」「正直寒くて辟易してるよ。ビールはうまいけどね。ハハハ。ところで大臣に紹介する前に一ついいかな。」「何だい。あらたまって。」「君は最近踊り子と暮らしているそうだね。」「あ、なぜそれを。」「暇な連中の噂になっているぞ。」「公費を使ってドイツ女と遊んでいるとね。これは危険だぞ。下手に話が広がると君は破滅だ。悪いことは言わない。君の名誉のためにも彼女とは縁を切れ。そして僕と日本に帰るんだ。」「しかし、彼女は私を...。」「いいかい。ぼくもこんなことを言うのは心苦しい。だが、君は僕の親友だ。一時の情欲

ですべてを失うのは耐えられない。」

　相沢の言うことは客観的で全くもって正しかった。彼の私に対する思いやりには感激すら覚える。だが、私の心にはやはりエリスへの断ち切れない思いがあった。「理解してくれたようだね。さあ、僕の話しはここまでだ。大臣を紹介しよう。君のことはよく言っておいた。」言われるがまま、私は大臣の待つ部屋に通された。「おお、君が太田豊太郎君か。相沢から評判は聞いている。どうだ。日本で私の手助けをしないか。相沢から聞いたが、すぐにでもドイツを立てるそうじゃないか。」私の心は真っ二つに引き裂かれた。「だ、だいじん、それは。」「そうなんだろう。豊太郎君。」「豊太郎さま、私を見捨てないでくださいますね。」「え、光栄です。喜んでお受けいたします。」

　それから帰り道のことはよく覚えていない。その日は夕方から激しい吹雪となり、私は夢遊病のようにベルリンの町をさ迷った。エリス、エリスに何と伝えよう。私はいつしか激しい寒さに意識を失い、路上に倒れてしまった。

　「豊太郎さま、豊太郎さま、豊太郎さま。」なんだ。どこかでエリスが呼んでいる。だが、意識がはっきりしない。「うそよ、豊太郎さまが私を見捨てるはずないもの。きっとあなたが説きすかしたのよ。だって、だって、私のおなかに...。」エリス、何

を取り乱しているんだ。よく聞こえない。「目を覚まして。豊太郎さま。お願い。返事をして。豊太郎さま、豊太郎さま。」きっと、これは夢だ。私は安心すると、再び意識を失ってしまった。

　「豊太郎君!あ、やっと目が覚めたか。」「相沢君!なぜ私の家に?」「覚えていないのか。君はあの日、町で倒れてたんだ。もう少しで凍死するところだったんだぞ。なんせ、一週間も意識不明だったんだからね。」「一週間?なんてことだ。エリス、エリスは?」「落ち着いて聞いてくれ。彼女にはもう会わないほうがいい。」「え、何を言うんだ。だって私は彼女に…。」「豊太郎君!すまない。どうか許してくれ。君が寝ている間、僕は彼女にすべてを打ち明けた。」「なんだって?」「彼女は否定したよ。君がそんなこと言うはずないって。でも、まさかこんなことになるとは思わなかった。すまない。豊太郎君。」「何を言っているんだ。エリスは部屋にいるんだろう。おーい、エリス。」「よせ、会ってはいけない。」

　「あら、あなたは誰?もしかして私のファンかしら?ウフフフ。私はビクトリア座のトップダンサーなのよ。みんなが私を愛しているの。」「エリス、一体どうしたんだ。」「ウフフフ」「許してくれ。僕が彼女を壊してしまった。君を失うことに心が耐えられなかったんだろう。医者が言うには急性のパラノイ

アーらしい。正気を取り戻すことは、もう、ないそうだ。」「う、うそだろう。おーい、エリス、私だ。豊太郎だよ、エリス。」「痛い、痛いわね。触らないでよ。私のおなかにはね、可愛い坊やがいるのよ。きっとあの人と同じ黒い目だわ。ウフフフ、ハハハ。」「そんな、まさか君は私の子を。」「豊太郎君、彼女の生活は僕が保障する。さあ、帰国の準備をしよう。君はもう僕と行くしかないんだ。」「ああ、エリス。許してくれ、エリス。」

　それから、私はエリスを捨て帰国の途についた。どれだけの涙を流しただろう。わが愛しいエリスと新しい命のために。「さあ、これから忙しくなるぞ、豊太郎君。僕らはまだ若い。」相沢、彼のような友は生涯またと得られないだろう。だが、私の心には彼に対する憎しみが一点消えることなく今も残っている。

10-1) 아래의 문장을 읽고 번역과 통역을 합시다.(~01:42)

　駐在先のベルリンで/私は舞姫に恋をした。彼女は16歳で/名はエリス。名門/ビクトリア座のトップダンサーだ。私はひょんなことから/彼女に金を貸し、/それ以来/交際は続いている。「豊太郎さま、/お手紙ですよ。」「ありがとう。エリス。

お、/嬉しいな。相沢ていう/友人からだよ。日本で/大臣の秘書官をしているんだ。

　なになに、/オオ。今、/仕事で/ベルリンに来ているらしい。大臣を紹介してくれるってさ。」「まあ、/大臣さまに?では/失礼のないようにしませんとね。早速用意をしましょう。」「彼女は/まるで愛息子を送り出すように/浮き浮きと支度を始めた。豊かな金髪をゆらし、/長い手足と/美しい所作で僕を着飾ってくれる。「まあ、こうして立派なお姿になると、/なんだか私の豊太郎さまではないみたい。ねえ、/豊太郎さま、/どうか/富貴なご身分になっても/私を見捨てないでくださいね。」大げさなエリスに微笑みかけ、/私は/親友/相沢の待つホテルに向かった。

❖ 원문 읽기- / 표시된 부분 유의하며 읽기

❖ 단어 및 연어 설명

① 본문의 단어와 연어의 의미를 확인하면서 따라 읽기

　支度を始める준비를 시작하다/金髪をゆらす금발을 휘날리다/ホテルに向かう호텔을 향하다

② 단어와 연어를 불러주면 보지 않고 한국어로 해당 일본어 단어와
　연어의 의미 말하기

③ 한국어로 물으면 해당 일본어 단어를 말하기(쓰기)

❖**문법 분석**

① では/失礼のないようにしませんとね "실례를 범하지 않도록 해야
　겠죠"

❖**번역하기** ①**직역하기** ②**의역하기**

_____

_____

_____

❖**통역하기**

① 원문을 보면서 한국어로 번역해서 들려주기

② 순차통역하기⑴-원문 한 문장 듣고 한국어로 통역하기

③ 순차통역하기⑵-전체 일본어 원문을 듣고 한국어로 통역하기

④ 전체 문장을 동시통역하기

10-2) 아래의 문장을 읽고 번역과 통역을 합시다.(01:43~04:04)

「やあ、/豊太郎君。久しぶりだね。」「おお、/相沢君!どうだい。ベルリンは?」「正直寒くて辟易してるよ。ビールは/うまいけどね。ハハハ。ところで/大臣に紹介する前に/一つ/いいかな。」「何だい。あらたまって。」「君は最近/踊り子と暮らしているそうだね。」「あ、なぜ/それを…。」「暇な連中の噂になっているぞ。」「公費を使って/ドイツ女と遊んでいる/とね。これは危険だぞ。下手に話が広がると/君は破滅だ。悪いことは言わない。君の名誉のためにも/彼女とは縁を切れ。そして僕と日本に帰るんだ。」「しかし、彼女は私を…。」「いいかい。僕もこんなことを言うのは/心苦しい。だが、/君は僕の親友だ。一時の情欲で/すべてを失うのは/耐えられない。」

相沢の言うことは/客観的で/全くもって正しかった。彼の/私に対する思いやりには/感激すら覚える。だが、/私の心には/やはり/エリスへの/断ち切れない思いがあった。「理解してくれたようだね。さあ、僕の話しはここまでだ。大臣を紹介しよう。君のことはよく言っておいた。」言われるがまま、/私は大臣の待つ部屋に通された。「おお、/君が太田豊太郎君か。相沢から評判は聞いている。どうだ。日本で私の手助けをしないか。相沢から聞いたが、/すぐにでもドイツを立てるそうじゃないか。」

❖원문 읽기- / 표시된 부분 유의하며 읽기

❖단어 및 연어 설명

① 본문의 단어와 연어의 의미를 확인하면서 따라 읽기

話しが広がる말이 퍼지다/縁を切る연을 끊다/すべてを失う모두를 잃다/ド

イツを立つ독일을 떠나다

② 단어와 연어를 불러주면 보지 않고 한국어로 해당 일본어 단어와

연어의 의미 말하기

③ 한국어로 물으면 해당 일본어 단어를 말하기(쓰기)

❖문법 분석

① 耐^たえられない는 耐える의 가능형+ない의 문법 구조를 지닌다.

② 私は大臣^{だいじん}の待つ部屋に通^{とお}された에서 通される는 通す의 수동형인

데, 직역하면 "나는 대신이 기다리는 방으로 통과되었다"인데 한

국어가 매우 어색하다. "나는 대신이 기다리는 방으로 안내되었

다"가 자연스럽다.

③ ドイツを立てる에서 立てる는 立つ의 가능동사이다.

❖ 번역하기 ①직역하기 ②의역하기

_____

_____

_____

_____

❖ 통역하기

① 원문을 보면서 한국어로 번역해서 들려주기

② 순차통역하기(1)-원문 한 문장 듣고 한국어로 통역하기

③ 순차통역하기(2)-전체 일본어 원문을 듣고 한국어로 통역하기

④ 전체 문장을 동시통역하기

10-3) 아래의 문장을 읽고 번역과 통역을 합시다. (04:05~07:21)

　私の心は/真っ二つに引き裂かれた。「だ、だいじん、それ
は。」「そうなんだろう。豊太郎君。」「豊太郎さま、/私を見
捨てないでくださいますね。」「え、/光栄です。喜んで/お
受けいたします。」それから/帰り道のことはよく覚えていな
い。その日は/夕方から激しい吹雪となり、/私は夢遊病のよ
うに/ベルリンの町をさ迷った。エリス、/エリスに何と伝えよ

う。私はいつしか/激しい寒さに意識を失い、/路上に倒れて
しまった。

　「豊太郎さま、/豊太郎さま、/豊太郎さま。」なんだ。どこ
かで/エリスが/呼んでいる。だが、/意識が/はっきりしない。
「うそよ、/豊太郎さまが/私を見捨てるはずないもの。きっ
と/あなたが説きすかしたのよ。だって、/だって、/私のおな
かに…。」エリス、/何を取り乱しているんだ。よく聞こえな
い。「目を覚まして、/豊太郎さま。お願い。返事をして。豊
太郎さま、豊太郎さま。」きっと、これは夢だ。私は安心する
と、/再び/意識を失ってしまった。

　「豊太郎君!あ、/やっと目が覚めたか。」「相沢君!なぜ/
私の家に?」「覚えていないのか。君はあの日、/町で倒れて
たんだ。もう少しで凍死するところだったんだぞ。なんせ、/
一週間も意識不明だったんだからね。」「一週間? なんてこ
とだ。エリス、エリスは?」「落ち着いて聞いてくれ。彼女には
もう/会わないほうがいい。」「え、/何を言うんだ。だって/私
は彼女に…。」「豊太郎君!すまない。どうか許してくれ。君が
寝ている間、/僕は彼女にすべてを打ち明けた。」

❖ 원문 읽기- / 표시된 부분 유의하며 읽기

❖ 단어 및 연어 설명

① 본문의 단어와 연어의 의미를 확인하면서 따라 읽기

激しい吹雪심한 눈보라/町をさ迷う도시를 헤매다/意識を失う의식을 잃다/目

を覚ます눈을 뜨다/返事をする대답을 하다/目が覚める의식이 깨다

② 단어와 연어를 불러주면 보지 않고 한국어로 해당 일본어 단어와

연어의 의미 말하기

③ 한국어로 물으면 해당 일본어 단어를 말하기(쓰기)

❖ 문법 분석

① もう少しで凍死するところだったんだぞ "하마터면 동사할 뻔했어"

❖ 번역하기 ①직역하기 ②의역하기

_____

_____

_____

_____

❖ 통역하기

① 원문을 보면서 한국어로 번역해서 들려주기

② 순차통역하기(1)-원문 한 문장 듣고 한국어로 통역하기

③ 순차통역하기(2)-전체 일본어 원문을 듣고 한국어로 통역하기

④ 전체 문장을 동시통역하기

10-4) 아래의 문장을 읽고 번역과 통역을 합시다.(07:22~)

「なんだって?」「彼女は否定_{ひてい}したよ。君がそんなこと言う
はずないって。でも、/まさか/こんなことになるとは思わなか
った。すまない。豊太郎君。」「何を言っているんだ。エリスは
/部屋にいるんだろう。おーい、エリス。」「よせ、/会ってはい
けない。」

「あら、/あなたは/誰?もしかして/私のファンかしら? ウ
フフ。私は/ビクトリア座_ざのトップダンサーなのよ。みんなが
/私を愛しているの。」「エリス、一体_{도대체}/どうしたんだ。」

「ウフフフ」「許してくれ。僕が/彼女を壊_{こわ}してしまった。君を
失うことに/心が耐_たえられなかったんだろう。医者_{いしゃ}が言うに
は/急性_{きゅうせい}の/パラノイアーらしい。<u>正気を取り戻_{しょうき　と　もど}すことは、/も
う、/ないそうだ。」</u>

「う、/うそだろう。おーい、/エリス、私だ。豊太郎だよ、エ

リス。」「痛い、/痛いわね。触らないでよ。私のおなかには
ね、/可愛い坊やがいるのよ。きっと/あの人と同じ/黒い目だ
わ。ウフフフ、ハハハ。」「そんな、まさか/君は/私の子を。」
「豊太郎君、/彼女の生活は/僕が保障する。さあ、/帰国の
準備をしよう。君はもう/僕と行くしかないんだ。」「ああ、/エ
リス。許してくれ、エリス。」
　それから、私は/エリスを捨て/帰国の途についた。どれだ
けの涙を流しただろう。わが愛しいエリスと/新しい命のた
めに。「さあ、/これから忙しくなるぞ、豊太郎君。僕らはまだ
若い。」相沢、/彼のような友は/生涯/またと得られないだろ
う。だが、/私の心には/彼に対する憎しみが/一点/消えること
なく/今も残っている。

❖원문 읽기- / 표시된 부분 유의하며 읽기

❖단어 및 연어 설명

① 본문의 단어와 연어의 의미를 확인하면서 따라 읽기

　彼女を壊す그녀를 망가뜨리다/正気を取り戻す제정신을 차리다/帰国の途に

つく귀국길에 오르다/涙を流す눈물을 흘리다

② 단어와 연어를 불러주면 보지 않고 한국어로 해당 일본어 단어와
연어의 의미 말하기

③ 한국어로 물으면 해당 일본어 단어를 말하기(쓰기)

❖문법 분석

① 彼のような友は/ 生涯/またと得られないだろう에서 得られない는
得る의 가능형＋ない이다.

❖번역하기 ①직역하기 ②의역하기

_____

_____

_____

_____

_____

❖통역하기

① 원문을 보면서 한국어로 번역해서 들려주기

② 순차통역하기(1)-원문 한 문장 듣고 한국어로 통역하기

③ 순차통역하기(2)-전체 일본어 원문을 듣고 한국어로 통역하기

④ 전체 문장을 동시통역하기

Unit 11 恩讐の彼方に(1919)

菊池寛 作

(1888~1948)

きくドラ 脚色

에도시대의 한 사무라이가 자신이 모시던 상전의 첩과 부정한 관계를 맺었는데 그 사실이 들통이 나는 바람에 그 상전을 죽이고는 아무도 모르게 어느 절에 들어가서 중이 된다. 살인으로 인한 마음의 고통을 가누질 못한 그 사무라이는 결국 주지 스님에게 과거에 저지른 자신의 악행을 고백하기에 이른다. 모든 사실을 안 주지 스님은 악행에 대한 보속으로 매년 10여 명의 나그네가 길을 가다 발을 헛디뎌 죽는 절벽을 뚫어 길을 만들라고 지시한다. 20년의 피나는 노력 끝에 공사를 완성하고 마침내 그는 법열을 맛보는 경지에 이르게 된다.

11) 본문을 들으면서 아는 단어(모르는 단어)에 동그라미를 쳐봅시다.

「上人様、上人様。どうかこの不肖の弟子の罪をお聞きください。」「お、了海か、どうした。」「私はかつて江戸で武士としてある旗本に仕えておりました。ですが、ある時、あるじの

妾と道ならぬ恋をしました。そして遂にそれが明るみになりあるじを殺しました。その時の若君の泣き声を今でも覚えております。私は何度も腹を切ろうとしました。お上に名乗り出ようともしました。ですが、気がつけば、ただ遠くへ遠くへ逃げてこの寺に。上人様、私はどうしたら。」「なるほど。よく打ち明けた。だが、汝が犯した罪は八虐の第一なる主殺し、このままでは未来永劫焦熱地獄の苦患からは逃れられんぞ。」「あ、やはり。」「汝が救われる道はただ一つ、これから汝は衆生済度のため生きよ。犯した罪を背負い、一人でも多くの命を救うのだ。了海、見よ。あの断崖絶壁を臨むか細き道を。あれこそ、この里無想の難所。道幅は狭く危うい上落ちれば激流。たちまち死ぬ。年に十人もの旅人が命を落とすという。」「おお、なんと哀れな、ほかに道はないのですか。」「ない。だが、了海よ。もし誰かがあの岸壁をくり抜き、新たに道を通せば、どうだ。そのものはすなわち年に十もの命を救うことになる。」「しょ、しょうにんさま。それはもしや。」「そしてやがて十年で百人、百年、千年とたつうちには千万の命を救えよう。」「あ、上人様。わが生涯の大誓願。ここに決しました。何年、いえ、何十年かかろうと必ずやあの岩山を貫き、精進救済を果たして見せまする。ああ、ありがたい。ありがたい。」

「おーい、最近、何だか山のほうがうるさいな。何の音だ。一日中聞こえるぞ。」「頭のおかしい坊さんがいるんだよ。あの岩山に道を通すんだってさ。」「えっ、たった一人で?ハハハ、それは仏様でも無理だ。」「大ぼら吹いて金でもとろうってんじゃないのかい。」「ハハハ、ハハハ」「エイン、エイン、フーフー、何という硬さ。何度打ち込んでもひびすら入らぬ。だが、悪くない。わが悪行の記憶が次第に薄らいでいく。」「おーい、あの坊さん、もう一年は掘ってるんじゃねえのか。」「まったくしつこいもぐらぼうずだね。」「そうそう、この間、見に行ったんだけどね、やっと一畳くらい穴があいてたよ。」「えっ、一年かかってそれか。」「ハハハハハハ」「エイッ、エイッ、エイッ」

「しかし、よく頑張るな、あの坊さん。たしか了海っていったか。」「かれこれ5年も掘ってるよ。あたしは段々哀れになってきたよ。ご飯でも届けてあげようかね。」「まあ、おれ、手伝って来ようかな。」「あ、うちの人にも声をかけておくよ。」「じゃ、おれ手伝ってくるよ。みんなで行こう。」

「ハ、上人様!どうかお導きください。」「了海、あれからもう20年になる。果たしてかの大誓願どうなったか。ん?誰かな。わが寺を訪ねるのは。」「突然失礼いたす。拙者、中川実

之助と申すもの。なき父の仇を討つため、長年旅をしており
ます。何でも、この寺に以前、江戸から来た侍がいたとか。そ
のものは今何処へ。」

「了海、この村に了海という坊主はおるか。何?あの洞窟
に。」「よし、了海、出て来い。了海。」「なあっ、なんだ。この
お侍は。」「わしらの了海さまに何の用だ。」「物騒なもん下げ
て。了海さまに何をする。」「みんな、了海さまを守れ。」「了海
さま、了海さま。」「皆の衆お控えなされ。この了海、その方に
覚えがござる。」「おお、そちが了海か。ううっ、こ、これが人
間の体か。肉は削げ落ち、皮膚はただれ、目は濁り、もはや人
間の残骸ではないか。いや、それが何だというのだ。了海、い
や、わが父の仇、汝の非道忘れたとはいわせんぞ。この実之
助、汝を討つため、十年間艱難の旅を続けて参った。さあ、い
ざ尋常に勝負せよ。」「おお、やはりあの時の若君、いかにも
お父上を討ったのは私に相違ございませぬ。あなたのお手に
かかって死ねるなど、願ってもないこと。」「おーよういうた。
覚悟いたせ!」「ですが、その前に一つだけお願いがございま
す。罪滅ぼしのために始めたこの突貫の大業を二十年の歳月
を費やし今や成就も目前。どうかこの上は一分の穴でも一寸
の穴でもかまいませぬ。向こう側へ通じるまであと数日、数日

だけ待っていただけますまいか。どうか何卒、何卒。」「了海さま、そうじゃお侍。もう少し辛抱せぇ。」「そうじゃ、そうじゃ。」「お侍。」「本当に穴は通るのだな。」「はぁ、あと数日で」「わかった。こやつらに免じ待ってやろう。」「ほお、かたじけない。」「だが、ここで汝から離れてはどんな邪魔が入るかわからぬ。それに、そんな細腕ではいつまで待たされるかわからぬ。ならば、いっそ。さあ、だれかわしにも槌とのみを貸せ。わし自ら岩を砕き穴を通してくれる。」「わー」「オー、仏様、ありがたい、ありがたい。」

「えっ、えっ、えっ、渾身の力をこめてもびくともせぬ。それにこの男、一体いつ休んでおるのだ。こんなことを二十年も...。」「おお、おおおおお。や、やった。実之助殿ご覧なされ。二十年の大誓願。遂に今宵成就致した。これで多くの人々が救われる。わが罪の万分の一が償われる。おおおおおお。」

「了海。」「さあ、実之助殿、約束じゃ。お切りなされ。もはや思い残すことはない。今なら、皆も気づいておりませぬ。邪魔の入らぬうちに。さあ、さあ。」「了海、貴様。よくぞ、よくぞ、ここまで、よくぞ、成し遂げられた。フッフッフあああああー」「実之助殿、この仇のために泣いてくださるのか。何たる法悦。おおおおお、あああああ〜。」

11-1) 아래의 문장을 읽고 번역과 통역을 합시다.(~03:09)

「上人様、/上人様。どうか/この不肖の弟子の罪を/お聞きください。」「お、/了海か、/どうした。」「私はかつて江戸で/武士として/ある旗本に仕えておりました。ですが、/ある時、/あるじの妾と/道ならぬ恋をしました。そして遂にそれが明るみになり/あるじを殺しました。その時の若君の泣き声を/今でも/覚えております。私は何度も腹を切ろうとしました。お上に名乗り出ようともしました。ですが、/気がつけば、/ただ遠くへ/遠くへ逃げて/この寺に。上人様、/私はどうしたら...。」

「なるほど。よく打ち明けた。だが、/汝が犯した罪は/八虐の第一なる/主殺し、このままでは/未来永劫/焦熱地獄の苦患からは/逃れられんぞ。」「あ、やはり。」「汝が救われる道は/ただ一つ、これから汝は衆生済度のため生きよ。犯した罪を背負い、/一人でも多くの命を/救うのだ。了海、/見よ。あの断崖絶壁を臨む/か細き道を。あれこそ、この里/無想の難所。道幅は狭く/危うい上、/落ちれば激流。たちまち死ぬ。年に十人もの旅人が/命を落すという。」「おお、/なんと哀れな、/ほかに道はないのですか。」

❖ 원문 읽기- / 표시된 부분 유의하며 읽기

❖ 단어 및 연어 설명

① 본문의 단어와 연어의 의미를 확인하면서 따라 읽기

腹を切る배를 가르다/罪を背負う죄를 짊어지다/命を救う목숨을 구하다/命を

落す목숨을 잃다

② 단어와 연어를 불러주면 보지 않고 한국어로 해당 일본어 단어와

연어의 의미 말하기

③ 한국어로 물으면 해당 일본어 단어를 말하기(쓰기)

❖ 문법 분석

① あるじの妾と/道ならぬ恋をしましたбお서 道ならぬ恋는 道ではない

恋의 문장체이다.

② 私は何度も/腹を切ろうとしましたбお서 切ろう는 切る의 의지형이

다. お上に名乗り出ようともしましたбお서 名乗り出よう도 名乗り出

る의 의지형이다.

③ 苦患からは逃れられんぞ에서 逃れられんぞ는 逃れられない의 축

약형이며, ぞ는 자신의 주장을 강하게 전달하는 기능을 지닌 남

성 전용의 종조사이다.

④ 生きよ는 生きる의 명령형이다.

❖번역하기 ①직역하기 ②의역하기

_____

_____

_____

_____

_____

❖통역하기

① 원문을 보면서 한국어로 번역해서 들려주기

② 순차통역하기(1)-원문 한 문장 듣고 한국어로 통역하기

③ 순차통역하기(2)-전체 일본어 원문을 듣고 한국어로 통역하기

④ 전체 문장을 동시통역하기

11-2) 아래의 문장을 읽고 번역과 통역을 합시다.(03:10~05:27)

「ない。だが、/了海よ。もし/誰かがあの岸壁をくり抜き、/新たに道を通せば、/どうだ。そのものはすなわち/年に十もの命を救うことになる。」「しょ、/上人様。それは/もしや。」「そしてやがて/十年で百人、百年、千年と経つうちには/千万の命を救えよう。」「あ、/上人様。わが生涯の大誓願、/ここに決しました。何年、/いえ、/何十年かかろうと/必ずや/あの岩山を貫き、/精進救済を果たして見せまする。ああ、/ありがたい。ありがたい。」

「おーい、/最近、/何だか山の方がうるさいな。何の音だ。一日中聞こえるぞ。」「頭のおかしい坊さんがいるんだよ。あの岩山に/道を通す길을 내다んだってさ。」「えっ、/たった一人で?ハハハ、それは/仏様でも無理だ。」「大ぼら吹いて/金でもとろうってんじゃないのかい。」「ハハハ、ハハハ」「エイン、/エイン、/フー、/フー、何という固さ。何度打ち込んでも/ひびすら入らぬ。だが、悪くない。わが悪行の記憶が/次第に점차로薄らいでいく。」

❖원문 읽기- / 표시된 부분 유의하며 읽기

❖ 단어 및 연어 설명

① 본문의 단어와 연어의 의미를 확인하면서 따라 읽기

道を通す길을 내다/命を救う목숨을 구하다/岩山を貫く바위산을 관통하다/精進

救済を果たす정진구제를 완수하다/金をとる돈을 거두다/ひびが入る금이 가다

② 단어와 연어를 불러주면 보지 않고 한국어로 해당 일본어 단어와

연어의 의미 말하기

③ 한국어로 물으면 해당 일본어 단어를 말하기(쓰기)

❖ 문법 분석

① 千年と経^たつうちには/千万の命を救^{すく}えよう에서 救えよう에는 두 개

의 문법 형식이 결합하였다. 즉 救う의 가능동사＋추측의 조동사

よう이다. 번역하면 "구원할 수 있을 것이다"

② いえ、/何十年かかろうと/必^{かなら}ずや/あの岩山^{いわやま}を에서 何十年かかろうと

의 かかろう는 かかる의 의지형이다. 연결사 と가 결합하여 "걸리

든"으로 번역된다.

③ 金でもとろうってんじゃないのかい에서 とろう는 とる의 의지형이

다. "돈이라도 거둘려는 게 아닐까?"

❖ 번역하기 ①직역하기 ②의역하기

_____

_____

_____

❖ 통역하기

① 원문을 보면서 한국어로 번역해서 들려주기

② 순차통역하기(1)-원문 한 문장 듣고 한국어로 통역하기

③ 순차통역하기(2)-전체 일본어 원문을 듣고 한국어로 통역하기

④ 전체 문장을 동시통역하기

11-3) 아래의 문장을 읽고 번역과 통역을 합시다.(05:28~08:42)

　「おーい、/あの坊さん、/もう/一年は掘（ほ）ってるんじゃねえの
か。」「まったく/しつこいもぐらぼうずだね。」「そうそう、/こ
の間、見に行ったんだけどね、やっと一畳（いちじょう）くらい穴（あな）があいてた
よ。」「えっ、一年かかって/それか。」「ハハハハハハ」「エイッ、
エイッ、エイッ」「しかし、/よく頑張（がんば）るな、/あの坊さん。たしか/了
海っていったか。」「かれこれ/5年も掘ってるよ。あたしは段々（だんだん）/
哀（あわ）れになってきたよ。ご飯（はん）でも/届（とど）けてあげようかね。」「まあ、/

おれ/手伝って来ようかな。」「あ、うちの人にも/声をかけておく
よ。」「じゃ、おれ手伝ってくるよ。みんなで行こう。」　「ハ、/上
人様!どうかお導きください。」

　「了海、/あれからもう/20年になる。果たして/かの大誓願
どうなったか。ん?誰かな。わが寺を訪ねるのは。」「突然/失
礼いたす。拙者、/中川実之助と申すもの。なき父の仇を討つ
ため、長年/旅をしております。何でも、この寺に以前、/江戸
から来た/侍がいたとか。そのものは今/何処へ。」「了海、/こ
の村に/了海という坊主はおるか。何、/あの洞窟に。」

❖원문 읽기- / 표시된 부분 유의하며 읽기

❖단어 및 연어 설명

① 본문의 단어와 연어의 의미를 확인하면서 따라 읽기

穴があく구멍이 나다/声をかける말을 걸다/仇を討つ원수를 갚다/旅を
する여행을 하다

② 단어와 연어를 불러주면 보지 않고 한국어로 해당 일본어 단어와
연어의 의미 말하기

③ 한국어로 물으면 해당 일본어 단어를 말하기(쓰기)

❖문법 분석

① もう/一年は掘^ほってるんじゃねえのか에서 ねえ는 ない의 회화체이

다. 비격식체이다.

② 哀^{あわ}れになってきた는 상태 변화 표현이다.

❖번역하기 ①직역하기 ②의역하기

_____

_____

_____

_____

❖통역하기

① 원문을 보면서 한국어로 번역해서 들려주기

② 순차통역하기⑴-원문 한 문장 듣고 한국어로 통역하기

③ 순차통역하기⑵-전체 일본어 원문을 듣고 한국어로 통역하기

④ 전체 문장을 동시통역하기

11-4) 아래의 문장을 읽고 번역과 통역을 하시오.(08:43~10:34)

「よし、/了海、出て来い。了海。」「なあっ、/なんだ。このお侍は。」「わしらの了海さまに/何の用だ。」「物騒なもん下げて。了海さまに何をする。」「みんな、/了海さまを守れ。」「了海さま、了海さま。」「皆の衆/お控えなされ。この了海、/その方に/覚えがござる。」「おお、/そちが了海か。ううっ、/こ、/これが人間の体か。肉は削げ落ち、/皮膚はただれ、/目は濁り、/もはや/人間の残骸ではないか。

いや、/それが何だというのだ。了海、/いや、/わが父の仇、/汝の非道/忘れたとはいわせんぞ。この実之助、/汝を討つため、/十年間/艱難の旅を続けて参った。さあ、いざ尋常に勝負せよ。」「おお、/やはり/あの時の若君、/いかにも/お父上を討ったのは/私に相違ございませぬ。あなたのお手にかかって死ねるなど、/願ってもないこと바라마지 않는 일。」

❖원문 읽기- / 표시된 부분 유의하며 읽기

❖단어 및 연어 설명

① 본문의 단어와 연어의 의미를 확인하면서 따라 읽기

肉が削げ落ちる깎여떨어져 나가다/皮膚がただれる피부가 문드러지다/目が
濁る눈이 탁하다/旅を続ける여행을 계속하다/ 願ってもない바라마지 않다

② 단어와 연어를 불러주면 보지 않고 한국어로 해당 일본어 단어와
연어의 의미 말하기

③ 한국어로 물으면 해당 일본어 단어를 말하기(쓰기)

❖**문법 분석**

① 物騒なもん下げて에서 物騒なもん은 비격식체, 회화체이다. 物騒
なもの는 격식차린 표현이다.

② 忘れたとはいわせんぞ에서 いわせんぞ의 문법 구조는 いう의 사
역형 いわせる+ん(=ない)+ぞ(강조의 의미를 나타내는 남성 전용 종
조사)이다. 번역하면 "잊었다고 말하도록 내버려두진 않겠어"가
된다.

③ いかにも/お父上を討ったのは/私に相違ございませぬ에서 ござい
ませぬ는 ございません의 문어체 표현이다. ございません은 ありま
せん의 공손한 표현 "없사옵나이다"로 직역할 수 있다.

❖번역하기 ①직역하기 ②의역하기

_____

_____

_____

_____

_____

❖통역하기

① 원문을 보면서 한국어로 번역해서 들려주기

② 순차통역하기(1)-원문 한 문장 듣고 한국어로 통역하기

③ 순차통역하기(2)-전체 일본어 원문을 듣고 한국어로 통역하기

④ 전체 문장을 동시통역하기

11-5) 아래의 문장을 읽고 번역과 통역을 하시오.(10:35~12:47)

「おー、/よういうた。覚悟いたせ!」「ですが、/その前に一つだけ/お願いがございます。罪ほるぼしのために始めた/この/突貫の大業を/二十年の歳月を費やし/今や成就も目前。どうかこの上は/一分の穴でも/一寸の穴でもかまいませぬ。向う側へ通じるまで/あと数日、/数日だけ/待っていただけま

すまいか。どうか何とぞ、/何とぞ。」「了海さま。そうじゃ、/お侍。もう少し/辛抱せぇ。」「そうじゃ、そうじゃ。」「お侍。」

「本当に/穴は通るのだな。」「はぁ、/あと数日で...」

「わかった。こやつらに免じ/待ってやろう。」「ほお、/かたじけない。」「だが、/ここで汝から離れては/どんな邪魔が入るかわからぬ。それに、/そんな細腕では/いつまで待たされるかわからぬ。ならば、/いっそ。さあ、だれかわしにも/槌とのみを貸せ。わし自ら岩を砕き/穴を通してくれる。」「わー」「オ一仏様、ありがたい、/ありがたい。」

❖ 원문 읽기- / 표시된 부분 유의하며 읽기

❖ 단어 및 연어 설명

① 본문의 단어와 연어의 의미를 확인하면서 따라 읽기

歳月を費やす세월을 들이다/穴が通る구멍이 나다/邪魔が入る방해가 들어오다/穴を通す구멍을 내다

② 단어와 연어를 불러주면 보지 않고 한국어로 해당 일본어 단어와 연어의 의미 말하기

③ 한국어로 물으면 해당 일본어 단어를 말하기(쓰기)

❖문법 분석

① だれかわしにも/槌とのみを貸せ에서 貸せ는 貸す의 명령형이다.

❖번역하기 ①직역하기 ②의역하기

_____

_____

_____

_____

_____

❖통역하기

① 원문을 보면서 한국어로 번역해서 들려주기

② 순차통역하기(1)-원문 한 문장 듣고 한국어로 통역하기

③ 순차통역하기(2)-전체 일본어 원문을 듣고 한국어로 통역하기

④ 전체 문장을 동시통역하기

11-6) 아래의 문장을 읽고 번역과 통역을 하시오.(12:48~)

「えっ、/えっ、/えっ、/渾身の力をこめても/びくともせぬ。それにこの男、/一体/いつ休んでおるのだ。こんなことを/二十年も…。」「おお、/おおおおお。や、/やった。実之助殿/ご覧なされ。二十年の大誓願。遂に今宵/成就致した。これで/多くの人々が救われる。わが罪の/万分の一が償われる。おおおおおお。」

「了海。」「さあ、/実之助殿、約束じゃ。お切りなされ。もはや思い残すことはない。今なら、/皆も気づいておりませぬ。邪魔の入らぬうちに。さあ、さあ。」「了海、/貴様/よくぞ、/よくぞ、/ここまで/よくぞ、/成し遂げられた。フッフッフあああああー」「実之助殿、/この仇원수のために泣いてくださるのか。何たる法悦。おおおおお、あああああ〜。」

❖원문 읽기- / 표시된 부분 유의하며 읽기

❖단어 및 연어 설명

① 본문의 단어와 연어의 의미를 확인하면서 따라 읽기

渾身の力をこめる혼신의 힘을 담다

② 단어와 연어를 불러주면 보지 않고 한국어로 해당 일본어 단어와 연어의 의미 말하기

③ 한국어로 물으면 해당 일본어 단어를 말하기(쓰기)

❖문법 분석

① これで/多くの人々が救われる에서 救われる는 救う의 수동형이다.

② わが罪の/万分の一が償われる의 償われる는 償う의 수동형이다.

③ 約束じゃ는 約束だ의 노인어이다. お切りなされ는 お切りなさる의 명령형이다. "베시게나" 정도로 번역하면 된다.

❖번역하기 ①직역하기 ②의역하기

_____

_____

_____

_____

_____

❖**통역하기**

① 원문을 보면서 한국어로 번역해서 들려주기

② 순차통역하기⑴-원문 한 문장 듣고 한국어로 통역하기

③ 순차통역하기⑵-전체 일본어 원문을 듣고 한국어로 통역하기

④ 전체 문장을 동시통역하기

Unit 12　杜子春(1920)

芥川龍之介 作

(1892~1927)

きくドラ 脚色

　어느 날 어떤 청년(두자춘)이 오도 갈 데 없이 길바닥에 나앉아 있는 모습을 본 신선이 그를 측은히 여겨 황금이 있는 곳을 알려준다. 나라에서 가장 큰 부자가 된 두자춘은 머지않아 모든 재산을 탕진한다. 다시 길바닥에 앉은 두자춘에게 그 신선은 또다시 황금이 있는 곳을 알려주었는데, 그 청년은 3년도 못 가서 다시 거지신세가 되고 만다. 신선이 두자춘에게 또다시 황금이 있는 곳을 알려주려고 하자, 두자춘은 이제는 신선이 되고 싶으니 자신을 제자로 삼아달라고 한다. 그러나 신선이 되는 것에도 실패한 두자춘은 마침내 정직하고 인간다운 삶의 진정한 가치를 깨닫기에 이른다.

---

12) 본문을 들으면서 아는 단어(모르는 단어)에 동그라미를 쳐봅시다.

　あ、日は暮れるし、腹は減るし、その上もうどこへ行っても泊めてくれるところはなさそうだし。「お前は何を考えているの

だ。」「あ、私ですか。私は、今夜寝るところもないのでどうしたものかと考えているのです。」「そうか。それは、かわいそうだな。では、おれがいいことを一つ教えてやろう。今、この夕日のなかに立って、お前の影が地に映ったら、その頭に当たるところを夜中に掘ってみるがよい。きっと、車に一杯の黄金が埋まっているはずだから。」杜子春。芥川龍之介。

　老人の言葉通り、夕日に影を映してみて、その頭に当たるところを夜中にそっと掘ってみたら、大きな車にも余るぐらい黄金が山のように出てきたのです。「ハハハ、まさか本当に黄金が出てくるなんて、これでまた贅沢三昧できるぞ。」

　「うわ、ハハハ、酒だ。酒が切れたぞ。ハハハ、アハ、また、どこかに黄金が埋まってないものか。」「お前は何を考えているのだ。」「おお、あなたはあの時のご老人。へえ、実はまた以前の宿なしに戻ってしまいまして、山のような黄金も今ではすっからかんです。今夜、寝るところもないので、どうしたものかと考えているのです。」「そうか。それはかわいそうだな。では、おれがいいことを一つ教えてやろう。今、この夕日の中へ立って、お前の影が地に映ったら、その胸に当たるところを夜中に掘ってみるがよい。きっと、車にいっぱいの黄金が埋まっているはずだから。」「おお、ありがとうございます。一度ならず

二度までは。あれ、ご老人、ご老人。」

　杜子春はその翌日からたちまち天下第一の大金持ちに返り咲きました。しかし、懲りずにまたまた贅沢三昧な暮らしを始めました。おびただしい量の黄金もまた三年も経つうちにすっかりなくなってしまいました。

　「お前は何を考えているのだ。」「私ですか。私は、今夜、寝るところもないので、どうしようかと思っているのです。」「そうか。それはかわいそうだな。では、おれがいいこと教えてやろう。今、この夕日の中へ立ってお前の影が地に映ったら、その腹に当たるところを夜中に掘ってみるがよい。きっと車にいっぱいの、」「いや、お金はもう要らないのです。」「金はもう要らない?ハハ、では、贅沢をするには、とうとう飽きてしまったと見えるな。」「なに、贅沢に飽きたのじゃありません。人間というものに愛想が尽きたのです。」「それはおもしろいな。どうしてまた人間に愛想が尽きたのだ?」「人間はみな薄情です。私が大金持ちになったときには、世辞も追従もしますけれど、いったん貧乏になってごらんなさい。やさしい顔さえもしてみせはしません。そんなことを考えると、たとえ、もう一度、大金持ちになったところでなんにもならないような気がするのです。」「では、これからは貧乏をしても安らかに暮らしてい

くつもりか。」「いえ、私はあなたの弟子となり、仙術の修業を させていただきたいのです。どうか、私の師として仙術を教え てください。」「ウン、いかにも。おれは峨眉山に棲んでいる鉄 冠子という仙人だ。それほど仙人になりたければ、おれの弟 子に取り立ててやろう。」「あ、本当ですか。ハア、ありがとう ございます。ありがとうございます。」「だが、立派な仙人にな れるかはお前次第だ。ともかく、まず、おれと一緒に、峨眉山 の奥へきて見るがいい。」

　鉄冠子は青竹を一本拾い上げると、呪文を唱えながら、杜 子春と一緒にその竹へ、馬にでも乗るように跨りました。する と、竹杖はたちまち龍のように勢いよく、大空へ舞い上がって 晴れ渡った春の夕空を峨眉山の方角へ飛んでいきました。

　二人を乗せた青竹はまもなく峨眉山へ舞い降りました。そ こは深い谷に臨んだ幅の広い一枚岩の上で、二人がこの岩の 上に来ると、鉄冠子は杜子春を絶壁の下に座らせて、「おれは これから西王母にお目にかかってくるから、お前はその間ここ に座っておれの帰るのを待っているがいい。いろいろな魔性 がお前をたぶらかそうとするだろうが、たとえ、どんなことが 起ころうとも、決して声を出すのではないぞ。もし一言でも口 をひらいたら、お前は仙人にはなれないものだと覚悟しろ。」

「大丈夫です。決して声なぞは出しません。命がなくなっても黙っています。」

杜子春はたった一人岩の上に座ったまま、静かに星を眺めていました。すると、「そこにいるのは何者だ。返事をしないと、たちどころに命はないものと覚悟しろ。」ある時は男の声で脅かされて、またある時は虎や大蛇が現れて杜子春に威嚇しました。しかし、杜子春は平然と座っていました。杜子春は、思わず耳を押さえて一枚岩の上へひれ伏しました。が、すぐに目を開いてみると、空は以前のとおり、晴れ渡って星々はキラキラ輝いています。

いつしか杜子春の体は岩の上で仰向けに倒れて、魂は体から抜け出して、地獄の底へ下りていきました。やがて、森羅殿という立派な御殿の前へ出ると、建物のなかには、一人の大男がいかめしくあたりを睨んでいます。これが噂に聞いた閻魔大王に違いありません。

「これ、その方は何のために峨眉山のうえへ座っていた。速やかに返答をすればよし。さもなければ。おい、この男の父母は畜生道に落ちているはずだから、ここへ引き立てて来い。」

「はあっ。」みためは二匹のみすぼらしい馬でしたが、顔は夢にも忘れない死んだ父母のとおりでした。「こら、その方は何

のために峨眉山の上に座っていたのか。白状しなければ、その方の父母に痛い思いをさせてやるぞ。それでも返事をせぬか。この不孝者めが。打て、鬼ども。その二匹の畜生を肉も骨も打ち砕いてしまえ。どうだ。まだ、その方は白状しないのか。」

杜子春は必死になって鉄冠子の言葉を思い出しながら、かたく目をつぶっていました。すると、「心配をおしでない。私たちはどうなってもお前さえ幸せになれるのなら、それより結構なことはないのだからね。大王が何とおっしゃっても言いたくないことは黙っておいで。」それは確かに懐かしい母親の声に違いありません。

杜子春は、思わず、目を開けました。母親はこんな苦しみの中にも、息子の心を思いやって、鬼どもの鞭に打たれたことを恨む気配さえも見せないのです。大金持ちになれば、お世辞を言い、貧乏人になれば口も利かない世間の人たちと比べると、なんというありがたい志でしょう。「フウウッ、お母さん。」「ハア、ここは?いつの間に町に戻ってきたんだ。」「どうだ、おれの弟子になったところで、とても仙人にはなれはすまい。」「なれません。なれませんが、しかし、私はうれしいのです。いくら仙人になれたところで、私はあの地獄の森羅殿の前で鞭を受けている父母をみては黙っているわけ

にはいきません。」「フーン、もし、お前が黙っていたら、おれ
は即座にお前の命を断ってしまおうと思っていたのだ。お前
はもう仙人になりたいという望みももっていまい。では、これ
から何になったらいいと思う?」「何になっても人間らしい正
直な暮らしをするつもりです。」「その言葉を忘れるなよ。で
は、おれは今日限り、二度と、お前には会わないから。おお、
今、思い出したが、おれは泰山の南の麓に一軒の家を持って
いる。その家を畑ごとお前にやるから、早速行って住まうがよ
い。今頃は丁度、家の周りに桃の花が一面に咲いているだろ
う。ハハハ。」

12-1) 아래의 문장을 읽고 번역과 통역을 합시다.(~01:54)

　あ、/日は暮れるし、/腹は減るし、/その上もう/どこへ行って
も/泊めてくれるところはなさそうだし。「お前は何を考えてい
るのだ。」「あ、/私ですか。私は今夜寝るところもないので/ど
うしたものかと考えているのです。」「そうか。それは可哀そ
うだな。では、/おれがいいことを一つ教えてやろう。今、/この
夕日のなかに立って、/お前の影が地に映ったら、/その頭に当
たるところを夜中に掘ってみるがよい。きっと、/車に一杯の

黄金が埋まっているはずだから。」杜子春。芥川龍之介。

　老人の言葉通り、/夕日に影を映してみて、/その頭に当たるところを/夜中にそっと掘ってみたら、/大きな車にも余るぐらい/黄金が山のように出てきたのです。「ハハハ、まさか/本当に黄金が出てくるなんて、/これでまた/贅沢三昧できるぞ。」

❖원문 읽기- / 표시된 부분 유의하며 읽기

❖단어 및 연어 설명

　① 본문의 단어와 연어의 의미를 확인하면서 따라 읽기

　　日が暮れる해가 저물다/腹が減る배가 고프다

　② 단어와 연어를 불러주면 보지 않고 한국어로 해당 일본어 단어와
　　연어의 의미 말하기

　③ 한국어로 물으면 해당 일본어 단어를 말하기(쓰기)

❖문법 분석

　① 추량을 나타내는 そうだ는 예를 들어 おもしろそうだ에 보듯 통상
　　적으로 형용사 어간에 결합하지만, よい나 ない의 경우에는 어미

い를 さ로 변환시켜 결합한다. その上もう/どこへ行っても/泊めてく
れるところはなさそうだし의 예를 참조하길 바란다.

❖번역하기 ①직역하기 ②의역하기

_____

_____

_____

_____

_____

❖통역하기

① 원문을 보면서 한국어로 번역해서 들려주기

② 순차통역하기⑴-원문 한 문장 듣고 한국어로 통역하기

③ 순차통역하기⑵-전체 일본어 원문을 듣고 한국어로 통역하기

④ 전체 문장을 동시통역하기

12-2) 아래의 문장을 읽고 번역과 통역을 합시다.(01:55~03:19)

　「うわ、ハハハ、/酒だ。酒が切れたぞ。ハハハ、」「アハ、また、どこかに黄金が埋まってないものか。」「お前は何を考えているのだ。」「おお、/あなたはあの時のご老人。へえ、実は/また以前の宿なしに戻ってしまいまして、/山のような黄金も今ではすっからかん텅빔です。今夜、寝るところもないので、どうしたものかと考えているのです。」

　「そうか。それはかわいそうだな。では、おれがいいことを一つ教えてやろう。今、この夕日の中へ立って、/お前の影が地に映ったら、/その胸に当たるところを/夜中に掘ってみるがよい。きっと、/車にいっぱいの黄金が埋まっているはずだから。」「おお、/ありがとうございます。一度ならず二度までは。あれ、/ご老人어르신、/ご老人。」

❖ 원문 읽기- / 표시된 부분 유의하며 읽기

❖ 단어 및 연어 설명

① 본문의 단어와 연어의 의미를 확인하면서 따라 읽기

　酒が切れる술이 떨어지다/黄金が埋まる황금이 묻히다/影が映る그림자가 비치다

② 단어와 연어를 불러주면 보지 않고 한국어로 해당 일본어 단어와
연어의 의미 말하기

③ 한국어로 물으면 해당 일본어 단어를 말하기(쓰기)

❖번역하기 ①직역하기 ②의역하기

_____

_____

_____

_____

_____

❖통역하기

① 원문을 보면서 한국어로 번역해서 들려주기

② 순차통역하기(1)-원문 한 문장 듣고 한국어로 통역하기

③ 순차통역하기(2)-전체 일본어 원문을 듣고 한국어로 통역하기

④ 전체 문장을 동시통역하기

12-3) 아래의 문장을 읽고 번역과 통역을 합시다.(03:20~04:26)

杜子春はその翌日から/たちまち天下第一の大金持ちに返り咲きました。しかし、/懲りず질리다にまたまた/贅沢三昧な暮らしを始めました。おびただしい量の黄金も/また三年も経つうちに/すっかりなくなってしまいました。

「お前は何を考えているのだ。」「私ですか。私は、今夜、寝るところもないので、/どうしようかと思っているのです。」「そうか。それは可哀そうだな。では、/おれがいいこと教えてやろう。今、/この夕日の中へ立って/お前の影が地に映ったら비치다、/その腹に当たるところを/夜中に掘ってみるがよい。きっと/車にいっぱいの、」「いや、/お金はもう要らないのです。」

❖ 원문 읽기- / 표시된 부분 유의하며 읽기

❖ 단어 및 연어 설명

① 본문의 단어와 연어의 의미를 확인하면서 따라 읽기

おびただしい量엄청난 양/三年が経つ3년이 지나다/お金が要る돈이 필요하다

② 단어와 연어를 불러주면 보지 않고 한국어로 해당 일본어 단어와

연어의 의미 말하기

③ 한국어로 물으면 해당 일본어 단어를 말하기(쓰기)

❖번역하기 ①직역하기 ②의역하기

❖통역하기

① 원문을 보면서 한국어로 번역해서 들려주기

② 순차통역하기⑴-원문 한 문장 듣고 한국어로 통역하기

③ 순차통역하기⑵-전체 일본어 원문을 듣고 한국어로 통역하기

④ 전체 문장을 동시통역하기

12-4) 아래의 문장을 읽고 번역과 통역을 합시다.(04:27~05:55)

　「金はもう要らない?ハハ、では、/贅沢をするには、/とうとう飽きてしまったと見えるな。」「なに、/贅沢に飽きたのじゃありません。人間というものに/愛想が尽きたのです。」「それはおもしろいな。どうしてまた/人間に愛想が尽きたのだ?」「人間はみな薄情です。私が大金持ちになったときには、/世辞も/追従もしますけれど、一旦貧乏になってごらんなさい。やさしい顔さえもしてみせはしません。

　そんなことを考えると、/たとえもう一度大金持ちになったところで/なんにもならないような気がするのです。」「では、/これからは貧乏をしても/安らかに暮らしていくつもりか。」「いえ、/私は/あなたの弟子となり、/仙術の修行をさせていただきたいのです。どうか、/私の師として/仙術を教えてください。」「ウン、/いかにも。おれは蛾眉山に棲んでいる/鉄冠子という仙人だ。それほど仙人になりたければ、/おれの弟子に取り立ててやろう。」

❖원문 읽기- / 표시된 부분 유의하며 읽기

❖단어 및 연어 설명

① 본문의 단어와 연어의 의미를 확인하면서 따라 읽기

贅沢をする사치를 부리다/愛想が尽きる정나미가 떨어지다/贅沢に飽きる사치

에 질리다/弟子に取り立てる제자로 삼다

② 단어와 연어를 불러주면 보지 않고 한국어로 해당 일본어 단어와

연어의 의미 말하기

③ 한국어로 물으면 해당 일본어 단어를 말하기(쓰기)

❖문법 분석

① たとえもう一度_{いちど}大金持ちになったところで "가령 또 다시 큰 부자가

되어 본들"

② 仙術の修行_{せんじゅつしゅぎょう}をさせていただきたい는 修業したい라는 뜻이다. 행위

의 주체가 두 표현 모두 말하는 사람 자신이지만, 차이는 후자의

표현이 순수하게 말하는 사람 자신의 의지가 전면에 드러나는 것

인 반면에 전자의 표현은 타인의 의지를 우선시하여 자신의 의지

를 행사한다는 점이다. 修行_{しゅぎょう}をさせていただきたい는 한국어에는

존재하지 않는 표현이다. 굳이 번역하자면 "제가 신선이 되기 위

한 수행을 해도 좋으시다고 생각하시면 수행을 허락하셨으면 합

니다"가 될 것이다.

❖번역하기 ①직역하기 ②의역하기

_____

_____

_____

_____

_____

❖통역하기

① 원문을 보면서 한국어로 번역해서 들려주기

② 순차통역하기⑴-원문 한 문장 듣고 한국어로 통역하기

③ 순차통역하기⑵-전체 일본어 원문을 듣고 한국어로 통역하기

④ 전체 문장을 동시통역하기

12-5) 아래의 문장을 읽고 번역과 통역을 합시다. (05:56~07:41)

「あ、/本当(ほんとう)ですか。ハア、/ありがとうございます。ありが

とうございます。」「だが、/立派(りっぱ)な仙人になれるかは/お前

次第(しだい)だ。ともかく、/まず、おれと一緒(いっしょ)に、峨眉山の奥へ来(き)て

見るがいい。」鉄冠子は青竹(あおだけ)を一本拾(いっぽんひろ)い上(あ)げると、/呪文(じゅもん)を

唱(とな)えながら、/杜子春と一緒にその竹へ、/馬にでも乗るよう

に跨りました。すると、/竹杖はたちまち龍のように/勢いよ

く、大空へ舞い上がって/晴れ渡った春の夕空を/峨眉山の

方角へ飛んでいきました。

　二人を乗せた青竹は/まもなく峨眉山へ舞い降りました。

そこは/深い谷に臨んだ/幅の広い/一枚岩の上で、/二人がこ

の岩の上に来ると、/鉄冠子は/杜子春を絶壁の下に座らせ

て、/「おれは/これから西王母にお目にかかってくるから、/お

前はその間ここに座って/おれの帰るのを待っているがいい。

いろいろな魔性がお前をたぶらかそうとするだろうが、/たと

え、どんなことが起ころうとも、/決して声を出すのではない

ぞ。もし一言でも口を開いたら、/お前は仙人にはなれないも

のだと覚悟しろ。」「大丈夫です。決して声なぞは出しませ

ん。命がなくなっても/黙っています。」

❖원문 읽기- / 표시된 부분 유의하며 읽기

❖단어 및 연어 설명

① 본문의 단어와 연어의 의미를 확인하면서 따라 읽기

　呪文を唱える주문을 외우다/声を出す소리를 내다/口を開く입을 열다

② 단어와 연어를 불러주면 보지 않고 한국어로 해당 일본어 단어와 연어의 의미 말하기

③ 한국어로 물으면 해당 일본어 단어를 말하기(쓰기)

❖ 문법 분석

① 仙人になれるかは/お前次第だ "신선이 될 수 있을지 없을지는 너 하기 나름이다"

② どんなことが起ころうとも、/決して声を出すのではないぞ "어떤 일이 일어나든 절대 소리를 내선 안 돼"

❖ 번역하기 ①직역하기 ②의역하기

❖ 통역하기

① 원문을 보면서 한국어로 번역해서 들려주기

② 순차통역하기(1)-원문 한 문장 듣고 한국어로 통역하기

③ 순차통역하기(2)-전체 일본어 원문을 듣고 한국어로 통역하기

④ 전체 문장을 동시통역하기

12-6) 아래의 문장을 읽고 번역과 통역을 합시다.(07:42~09:47)

　杜子春はたった一人/岩の上に座ったまま、/静かに星を眺めていました。すると、/「そこにいるのは何者だ。返事をしないと、/たちどころに命はないものと覚悟しろ。」ある時は/男の声で脅かされて、/またある時は/虎や大蛇が現われて/杜子春に威嚇しました。しかし、/杜子春は平然と座っていました。杜子春は思わず耳を押さえて/一枚岩の上へひれ伏しました。が、/すぐに目を開いてみると、/空は以前のとおり、晴れ渡って/星星はキラキラ輝いています。

　いつしか/杜子春の体は岩の上で/仰向けに倒れて、/魂は/体から抜け出して、/地獄の底へ下りていきました。やがて、/森羅殿という立派な御殿の前へ出ると、/建物のなかには、/一人の大男が/いかめしくあたりを睨んでいます。これが/噂に聞いた閻魔大王に違いありません。「これ、/その方は何のため

に/峨眉山の上へ座っていた。速やかに返答をすればよし。さもなければ。おい、/この男の父母は/畜生道に落ちているはずだから、/ここへ引き立てて来い。」「はあっ。」

❖원문 읽기- / 표시된 부분 유의하며 읽기

❖단어 및 연어 설명

① 본문의 단어와 연어의 의미를 확인하면서 따라 읽기

星を眺める별을 바라보다/返事をする대답을 하다/耳を押さえる귀를 막다/目を開く눈을 뜨다/キラキラ輝く반짝반짝 빛나다/あたりを睨む주위를 노려보다

② 단어와 연어를 불러주면 보지 않고 한국어로 해당 일본어 단어와 연어의 의미 말하기

③ 한국어로 물으면 해당 일본어 단어를 말하기(쓰기)

❖번역하기 ①직역하기 ②의역하기

_____

_____

_____

_____

❖통역하기

① 원문을 보면서 한국어로 번역해서 들려주기

② 순차통역하기⑴-원문 한 문장 듣고 한국어로 통역하기

③ 순차통역하기⑵-전체 일본어 원문을 듣고 한국어로 통역하기

④ 전체 문장을 동시통역하기

12-7) 아래의 문장을 읽고 번역과 통역을 합시다.(09:48~11:34)

見た目は/二匹のみすぼらしい볼품없다馬でしたが、/顔は夢にも忘れない/死んだ父母のとおりでした。「こら、/その方は何のために/峨眉山の上に座っていたのか。白状しなければ、/その方の父母に/痛い思いをさせてやるぞ。それでも返事をせぬか。この不幸者めが。打て、/鬼ども。その二匹の畜生を/肉も骨も/打ち砕いてしまえ。どうだ。まだ、その方は/白状しないのか。」

杜子春は必死になって/鉄冠子の言葉を思い出しながら、/かたく目をつぶっていました。すると、/「心配を/おしでない。私たちはどうなっても/お前さえ幸せになれるのなら、/それより結構なことはないのだからね。大王が何とおっしゃっても/言いたくないことは黙っておいで。」それは/確に懐かしい/母親の声に違いありません。

❖ 원문 읽기- / 표시된 부분 유의하며 읽기

❖ 단어 및 연어 설명

　① 본문의 단어와 연어의 의미를 확인하면서 따라 읽기

　　夢にも忘れない 꿈에도 잊을 수 없는/目をつぶる 눈을 감다

　② 단어와 연어를 불러주면 보지 않고 한국어로 해당 일본어 단어와

　　연어의 의미 말하기

　③ 한국어로 물으면 해당 일본어 단어를 말하기(쓰기)

❖ 문법 분석

　① この不幸者〔ふこうもの〕めが에서 め는 멸칭이다. 번역하면 "이 불효막급한 놈"

　　이 될 것이다. 打て는 打つ의 명령형이다.

　② 黙っておいで는 黙っていて을 정감스럽게 표현한 것이다.

❖ 번역하기 ① 직역하기 ② 의역하기

　_____

　_____

　_____

❖ **통역하기**

① 원문을 보면서 한국어로 번역해서 들려주기

② 순차통역하기(1)-원문 한 문장 듣고 한국어로 통역하기

③ 순차통역하기(2)-전체 일본어 원문을 듣고 한국어로 통역하기

④ 전체 문장을 동시통역하기

12-8) 아래의 문장을 읽고 번역과 통역을 합시다.(11:35~13:22)

　杜子春は思わず/目を開けました。母親はこんな苦しみの中にも/息子の心を思いやって、/鬼どもの鞭に打たれたことを恨む気配（낌새）さえも見せないのです。大金持ちになれば/お世辞を言い、/貧乏人になれば/口も利かない/世間の人たちと比べると/なんというありがたい 志 でしょう。「フウウッ、/お母さん。」「ハア、ここは?いつの間に町に戻ってきたんだ。」

　「どうだ、/おれの弟子になったところで/とても仙人にはなれはすまい。」「なれません。なれませんが、しかし、私は嬉しいのです。いくら仙人になれたところで、私はあの地獄の森羅殿の前で/鞭を受けている父母をみては/黙っているわけにはいきません。」

　「フーン/もしお前が黙っていたら、/おれは即座にお前の命を断ってしまおうと思っていたのだ。お前はもう/仙人になりたいという望みももっていまい。では、/これから何になったらいいと思う?」

❖원문 읽기- / 표시된 부분 유의하며 읽기

❖단어 및 연어 설명

① 본문의 단어와 연어의 의미를 확인하면서 따라 읽기

目を開ける눈을 뜨다/心を思いやる마음을 베풀다/お世辞を言う아첨을 하다/
口を利く말을 하다/鞭を受ける채찍을 맞다/命を断つ목숨을 끊다

② 단어와 연어를 불러주면 보지 않고 한국어로 해당 일본어 단어와
연어의 의미 말하기

③ 한국어로 물으면 해당 일본어 단어를 말하기(쓰기)

❖문법 분석

① どうだ、/おれの弟子になったところで/とても仙人にはなれはすまい

에서 すまい는 する+まい이다. まい는 부정 추측과 부정 의지라
는 두 가지 용법을 지닌다. 여기에서는 부정 추측의 의미로 번역
하는 것이 자연스럽다. 따라서 "어떤가, 나의 제자가 되었던들 신
선은 될 수 없을 것이다."로 번역할 수 있다.

② いくら仙人になれたところでは 결국 신선이 되지 않았다는 의미
이다. 신선이 되어도 큰 의미가 없다는 뜻이다. "신선이 될 수 있
었다고 한들"

③ 鞭を受けている父母をみては/黙っているわけにはいきませんで
わけにはいきませんは "불가능의 의미"가 아니라 "도리가 아니다"
는 뜻으로 번역되어야 한다. "채찍을 맞고 있는 부모를 보고서 잠
자코 있을 수만은 없습니다"

❖번역하기 ①직역하기 ②의역하기

_____

_____

_____

_____

_____

❖통역하기

① 원문을 보면서 한국어로 번역해서 들려주기

② 순차통역하기⑴-원문 한 문장 듣고 한국어로 통역하기

③ 순차통역하기⑵-전체 일본어 원문을 듣고 한국어로 통역하기

④ 전체 문장을 동시통역하기

12-9) 아래의 문장을 읽고 번역과 통역을 합시다.(13:23~)

「何になっても/人間らしい/正直な暮らしをするつもりで
す。」「その言葉を忘れるなよ。では、/おれは今日限り、/二度
とお前には会わないから。おお、今、思い出したが、/おれは
泰山の南の麓に/一軒の家を持っている。その家を畑ごとお前
にやるから、/早速行って住まうがよい。今頃は丁度、/家の回
りに/桃の花が一面に咲いているだろう。ハハハ。」

❖원문 읽기- / 표시된 부분 유의하며 읽기

❖단어 및 연어 설명

① 본문의 단어와 연어의 의미를 확인하면서 따라 읽기

   正直な暮らしをする정직한 생활을 하다/言葉を忘れる말을 잊다/家を持つ

   집을 가지다

② 단어와 연어를 불러주면 보지 않고 한국어로 해당 일본어 단어와

   연어의 의미 말하기

③ 한국어로 물으면 해당 일본어 단어를 말하기(쓰기)

❖문법 분석

① 言葉を忘れるな에서 な는 부정 금지(하지 말아라, 하지 마)를 나타

내는 종조사이다. 忘れないでください는 높임말이다.

② 一面に의 一面은 하나의 면뿐만 아니라 사방을 의미하기도 한다.

❖번역하기 ①직역하기 ②의역하기

_____

_____

_____

_____

_____

❖통역하기

① 원문을 보면서 한국어로 번역해서 들려주기

② 순차통역하기(1)-원문 한 문장 듣고 한국어로 통역하기

③ 순차통역하기(2)-전체 일본어 원문을 듣고 한국어로 통역하기

④ 전체 문장을 동시통역하기

Unit 13 蜘蛛の糸(1918)

芥川龍之介 作

(1892~1927)

옛날에 칸다타(犍陀多)라는 사람이 있었다. 이 사람은 도둑질뿐만 아니라 남의 집에 불을 지르는 등, 온갖 악행을 일삼는 극악무도한 사람이었다. 이 사람은 죽어 당연히 지옥에 가게 되었다. 부처님께서 지옥에서 신음하는 칸다타의 모습을 보시고는 측은한 마음을 가지셨다. 자세히 보니 칸다타가 그의 일생을 통해서 단 한 번 좋은 일을 한 적이 있었는데, 그것은 바로 땅바닥을 기어가는 거미를 밟아 죽이려다 측은히 여겨 살려준 일이었다. 그리하여 거미줄 하나를 지옥에 있는 칸다타에게 내려주는데….

13) 본문을 들으면서 아는 단어(모르는 단어)에 동그라미를 쳐봅시다.

一

　ある日のことでございます。お釈迦様は極楽の蓮池のふちを一人でぶらぶらお歩きになっていらっしゃいました。池の中に咲いている蓮の花は、みんな玉のように真っ白でその真ん中にある金色の蕊からは何とも言えないよい匂いが絶え間な

くあたりへ溢れております。極楽はちょうど朝なのでございま
しょう。

　やがてお釈迦様はその池のふちにおたたずみになって、水の
面を蔽っている蓮の葉の間から、ふと、下の様子をご覧になりま
した。この極楽の蓮池の下は、ちょうど地獄の底に当たっており
ますから、水晶のような水を透き通して、三途の川や針の山の
景色がちょうど覗き眼鏡を見るように、はっきりと見えるので
ございます。

　すると、その地獄の底に、犍陀多という男が一人、他の罪人と
一緒にうごめいている様子が御眼にとまりました。この犍陀多
という男は人を殺したり、家に火をつけたり色々悪事を働いた
大泥棒でございますが、それでもたった一つよいことをいたし
た覚えがございます。と申しますのはある時、この男が深い林
の中を通りますと、小さな蜘蛛が一匹、道端を這っていくのが
見えました。そこで犍陀多は早速足を上げて踏み殺そうと致し
ましたが、「いや、いや。これも小さいながら命のあるものに違
いない。その命をむやみにとるということは、いくらなんでも可
愛そうだ。」と、こう急に思い返してとうとうその蜘蛛を殺さず
に助けてやったからでございます。

　お釈迦様は地獄の様子をご覧になりながら、この犍陀多に

は蜘蛛を助けたことがあるのをお思い出しになりました。そうしてそれだけのよいことをした報いには、できるなら、この男を地獄から救い出してやろうと、お考えになりました。幸い、そばを見ますと、翡翠のような色をした蓮の葉の上に、極楽の蜘蛛が一匹、美しい銀色の糸をかけております。お釈迦様はその蜘蛛の糸をそっと、お手におとりになって、玉のような白蓮の間から、はるか下にある地獄の底へまっすぐにそれをお下ろしなさいました。

二

　こちらは地獄の底の血の池で、他の罪人と一緒に浮いたり沈んだりしていた犍陀多でございます。なにしろどちらをみても真っ暗で、たまにその暗闇からぼんやり浮き上がっているものがあると思いますと、それは恐ろしい針の山の針が光るのでございますから、その心細さといったらございません。その上、あたりは墓の中のようにしんと静まり返ってたまに聞こえるものといっては、ただ罪人がつくかすかなため息ばかりでございます。これはここへ落ちてくるほどの人間は、もうさまざまな地獄の責め苦に疲れ果てて、泣き声を出す力さえ、なくなっているのでございましょう。ですから、さすが大泥棒の犍陀多もや

はり血の池の血にむせびながら、まるで死にかかった蛙のように、ただ、もがいてばかりおりました。

　ところが、ある時のことでございます。何気なく犍陀多が頭を上げて血の池の空を眺めますと、そのひっそりとした闇の中を遠い遠い天上から、銀色の蜘蛛の糸が、まるで人目にかかるのを恐れるように、一筋細く光りながら、するすると自分の上へ垂れて参るではございませんか。犍陀多はこれをみると、思わず手を打って喜びました。この糸に縋りついてどこまで登っていけば、きっと地獄から抜けだせるのに相違ございません。いや、うまくいくと極楽へ入ることさえもできましょう。そうすれば、もう針の山へ追い上げられることもなくなれば、血の池に沈められることもあるはずはございません。

　こう思いましたから、犍陀多は早速その蜘蛛の糸を両手でしっかりとつかみながら、一生懸命に上へ上へと、手繰りのぼり始めました。もとより大泥棒のことでございますから、こういうことには昔から慣れきっているのでございます。しかし、地獄と極楽との間は何万里となくございますから、いくら焦ってみたところで容易に上へは出られません。ややしばらく登るうちに、とうとう犍陀多もくたびれて、もう一たぐりも上の方へは登れなくなってしましました。そこで仕方がございませんか

ら、まず一休み休むつもりで、糸の中途にぶら下がりながら、はるかに目の下を見下しました。

　すると、一生懸命に登った甲斐があって、さっきまで自分がいた血の池は、今ではもう闇の底にいつの間にか隠れております。それからあのぼんやり光っている恐ろしい針の山も足の下になってしまいました。この分で登って行けば、地獄から抜け出すのも存外わけがないかも知れません。犍陀多は両手を蜘蛛の糸に絡みながらここへ来てから何年にも出したことのない声で「ふふふ、しめた、しめた。」と笑いました。ところが、ふと気がつきますと、蜘蛛の糸の下の方には数限りもない罪人たちが自分の登った後をつけて、まるで蟻の行列のようにやはり上へ上へ一心によじ登ってくるではございませんか。犍陀多はこれをみると、驚いたのと恐ろしいのとでしばらくはただ、バカのように大きな口を開いたまま、目ばかり動かしておりました。自分一人でさえ切れそうなこの細い蜘蛛の糸が、どうしてあれだけの人数の重みに堪えることができましょう。もし万一途中で切れたと致しましたら、せっかくここへまで登ってきたこの肝心な自分までも、もとの地獄へ逆落としに落ちてしまわなければなりません。そんなことがあったら、大変でございます。が、そういううちにも、罪人たちは何百となく何千と

なく真っ暗な血の池の底からうようよと這いあがって細く光っている蜘蛛の糸を一列になりながら、せっせと登ってまいります。今のうちにどうかしなければ、糸は真ん中から二つに切れて落ちてしまうのに違いありません。

そこで犍陀多は大きな声を出して「こら、罪人ども、この蜘蛛の糸はおれのものだぞ。お前たちは一体誰に聞いて登ってきた。下りろ、下りろ。」とわめきました。

その途端でございます。今まで何ともなかった蜘蛛の糸が急に犍陀多のぶら下がっているところからぷつりと音を立てて切れました。ですから、犍陀多もたまりません。あっという間もなく風を切って独楽のようにくるくる回りながら見る見るうちに闇の底へまっさかさまに落ちてしまいました。後にはただ極楽の蜘蛛の糸がきらきらと細く光りながら月も星もない空の中途に短く垂れているばかりでございます。

三

お釈迦様は極楽の蓮池のふちに立って、この一部始終をじっとみていらっしゃいましたが、やがて犍陀多が地の池の底へ石のように沈んでしまいますと、悲しそうな御顔をなさりながら、またぶらぶらお歩きなり始めました。自分ばかり地獄から

抜け出そうとする、犍陀多の無慈悲な心がそうしてその心相当な罰を受けて元の地獄へ落ちてしまったのが、お釈迦様の御目から見ると、浅ましく思し召されたのでございましょう。

しかし極楽の蓮池の蓮は少しもそんなことには頓着いたしません。その玉のような白い花はお釈迦様のおみ足のまわりにゆらゆらうてなを動かして、その真ん中にある金色の蕊からは何とも言えないよい匂いが絶え間なくあたりへ溢れております。極楽ももう昼に近くなったのでございましょう。

13-1) 아래의 문장을 읽고 번역과 통역을 합시다.

ある日のことでございます。お釈迦様は/極楽の蓮池のふちを/一人でぶらぶらお歩きになっていらっしゃいました。池の中に咲いている蓮の花は、/みんな玉のように真っ白で/その真ん中にある金色の蕊からは/何とも言えないよい匂いが/絶え間なくあたりへ溢れております。極楽はちょうど朝なのでございましょう。

やがてお釈迦様は/その池のふちにおたたずみになって、/水の面を覆っている蓮の葉の間から、/ふと、/下の様子をご覧になりました。この極楽の蓮池の下は、/ちょうど地獄の底に

当たっておりますから、/水晶のような水を透き通して、/三途
の川や/針の山の景色が/ちょうど/覗き眼鏡を見るように、/は
っきりと見えるのでございます。

❖원문 읽기- / 표시된 부분 유의하며 읽기

❖단어 및 연어 설명
  ① 본문의 단어와 연어의 의미를 확인하면서 따라 읽기
  ② 단어와 연어를 불러주면 보지 않고 한국어로 해당 일본어 단어와
     연어의 의미 말하기
  ③ 한국어로 물으면 해당 일본어 단어를 말하기(쓰기)

❖문법 분석
  ① お歩きになっていらっしゃいました는 歩いていました의 존경표현이다.
  ② 極楽は/ちょうど朝なのでございましょう에서 朝なのでございましょ
     う는 朝なのでしょう의 공손한 표현이다.
  ③ やがてお釈迦様は/その池のふちにおたたずみになって에서 おたた
     ずみになって는 たたずんで의 존경표현이다.

❖통역하기

① 원문을 보면서 한국어로 번역해서 들려주기

② 순차통역하기⑴-원문 한 문장 듣고 한국어로 통역하기

③ 순차통역하기⑵-전체 일본어 원문을 듣고 한국어로 통역하기

④ 전체 문장을 동시통역하기

13-2) 아래의 문장을 읽고 번역과 통역을 합시다.

　するとその地獄の底に、/犍陀多という男が一人、/他の罪人_{ざいにん}と一緒にうごめいている姿_{すがた}が御眼_{おんまなこ}にとまりました。この犍陀多という男は/人を殺したり、/家に火をつけたり/色々悪事_{あくじ}を働い_{はたら}た大泥棒_{おおどろぼう}でございむますが、/それでも/たった一つ/よいこと

をいたした覚えがございます。と申しますのは/ある時この男が/深い林の中を通りますと、/小さな蜘蛛が一匹、/道端（みちばた）を這（は）っていくのが/見えました。

　そこで/犍陀多は早速（さっそく）足を上げて/踏（ふ）み殺（ころ）そうと致（いた）しましたが、/「いや、いや。これも小さいながら/命のあるものに違いない。その命をむやみにとるということは、/いくらなんでも可愛（かわい）そうだ。」と、/こう急（きゅう）に思（おも）い返（かえ）して/とうとう/その蜘蛛を殺さずに/助（たす）けてやったからでございます。

❖원문 읽기- / 표시된 부분 유의하며 읽기

❖단어 및 연어 설명
① 본문의 단어와 연어의 의미를 확인하면서 따라 읽기
　　眼にとまる눈에 띄다/家に火をつける집에 불을 지르다/道端を這う길바닥을 기다/足を上げる발을 들다/命をむやみにとる목숨을 함부로 빼앗다
② 단어와 연어를 불러주면 보지 않고 한국어로 해당 일본어 단어와 연어의 의미 말하기
③ 한국어로 물으면 해당 일본어 단어를 말하기(쓰기)

❖문법 분석

① たった一つ/よいことをいたした覚えがございます에서 いたした는
する의 과거형 した의 겸양어이다. 겸양어란 겸손되게 표현하는
말이다. ございます는 あります의 공손한 표현이다.

② 命のあるものに違いない에서 に違いない는 화자의 강한 확신을
나타내는 추량의 표현이다. 그 외에도 だろう、でしょう、ようだ、ら
しい、かもしれない、模様だ 등등이 있다.

❖번역하기 ①직역하기 ②의역하기

_____

_____

_____

_____

❖통역하기

① 원문을 보면서 한국어로 번역해서 들려주기

② 순차통역하기(1)-원문 한 문장 듣고 한국어로 통역하기

③ 순차통역하기(2)-전체 일본어 원문을 듣고 한국어로 통역하기

④ 전체 문장을 동시통역하기

13-3) 아래의 문장을 읽고 번역과 통역을 합시다.

　お釈迦様は/地獄の様子をご覧になりながら、/この犍陀多には/蜘蛛を助けたことがあるのを/お思い出しになりました。そうして/それだけのよいことをした報(むく)いには、/できるなら、가급적이면/この男を/地獄から救(すく)い出(だ)してやろうと、/お考えになりました。幸(さいわ)い、/そばを見ますと/翡翠のような色(いろ)をした蓮の葉の上に、/極楽の蜘蛛が一匹、/美しい銀色(ぎんいろ)の糸(いと)をかけております。お釈迦様はその蜘蛛の糸をそっと、/お手におとりになって、/玉のような白蓮の間(しらはす あいだ)から、/はるか下にある地獄の底(そこ)へ/まっすぐにそれを/お下(お)ろしなさいました。

　こちらは/地獄の底の血の池で、/他(ほか)の罪人と一緒に/浮(う)いたり/沈(しず)んだりしていた犍陀多でございます。なにしろどちらをみても真(ま)っ暗(くら)で、/たまにその暗闇(くらやみ)からぼんやり浮(う)き上(あ)がって떠오르다いるものがあると思いますと、/それは恐ろしい/針の山の針(はり)が光(ひか)るのでございますから、/その心細(こころぼそ)さといったらございません。

❖ 원문 읽기- / 표시된 부분 유의하며 읽기

❖단어 및 연어 설명

① 본문의 단어와 연어의 의미를 확인하면서 따라 읽기

　色をする색을 하다/地獄から救い出す지옥에서 구해내다

② 단어와 연어를 불러주면 보지 않고 한국어로 해당 일본어 단어와

　연어의 의미 말하기

③ 한국어로 물으면 해당 일본어 단어를 말하기(쓰기)

❖문법 분석

① この犍陀多には/蜘蛛を助けたことがあるのを/お思い出しになりま
　した에서 お思い出しになりました는 お＋思い出す의 연용형＋にな
　る(존경 표현)＋ました이다. 즉 思いました의 존경 표현이다. お考え
　になりました도 같은 맥락으로 설명할 수 있다.

② できるなら、/この男を/地獄から救い出してやろうと、/お考えになりま
　した。"가급적이면 이 사나이를 지옥에서 구해내 주려고 생각하셨
　습니다."

③ その心細さといったらございません "그 불안함이란 이루 말할 수
　가 없습니다."

❖번역하기 ①직역하기 ②의역하기

_____

_____

_____

_____

_____

❖통역하기

① 원문을 보면서 한국어로 번역해서 들려주기

② 순차통역하기(1)-원문 한 문장 듣고 한국어로 통역하기

③ 순차통역하기(2)-전체 일본어 원문을 듣고 한국어로 통역하기

④ 전체 문장을 동시통역하기

13-4) 아래의 문장을 읽고 번역과 통역을 합시다.

その上あたりは/墓の中のように/しんと静まり返って/たまに
聞こえるものといっては、/ただ/罪人がつくかすかなため息한숨
ばかりでございます。これはここへ落ちてくるほどの人間は、/
もうさまざまな地獄の責め苦に疲れはてて、/泣き声を出す力
さえ、なくなっているのでございましょう。ですから、/さすが

大泥棒の犍陀多も/やはり/血の池の血にむせびながら、/まる
で死にかかった蛙のように、/ただもがいてばかりおりました。

　ところが、/ある時のことでございます。何気なく犍陀多が
頭を上げて/血の池の空を眺めますと、/そのひっそりとした
闇の中を/遠い遠い/天上から、銀色の蜘蛛の糸が、/まるで
人目にかかるのを恐れるように、/一筋/細く光りながら、/ス
ルスルと自分の上へ垂れて参るではございませんか。犍陀多
はこれをみると、/思わず手を打って喜びました。この糸にす
がりついて/どこまで登っていけば、/きっと/地獄から抜け出
せるのに相違ございません。

❖원문 읽기- / 표시된 부분 유의하며 읽기

❖단어 및 연어 설명

① 본문의 단어와 연어의 의미를 확인하면서 따라 읽기

　　泣き声を出す울음을 터뜨리다/手を打つ손뼉을 치다/地獄から抜け出す지옥

에서 빠져나오다

② 단어와 연어를 불러주면 보지 않고 한국어로 해당 일본어 단어와

　연어의 의미 말하기

③ 한국어로 물으면 해당 일본어 단어를 말하기(쓰기)

❖문법 분석

① スルスルと自分の上へ垂れて参るではございませんか "스륵스륵 자

　기 위로 (거미줄이)드리워져 오는 것이 아니겠습니까?"

② きっと/地獄から抜け出せるのに相違ございません "분명 지옥에서

　빠져나올 수 있음에 틀림없습니다."

❖번역하기 ①직역하기　②의역하기

_____

_____

_____

_____

❖**통역하기**

① 원문을 보면서 한국어로 번역해서 들려주기

② 순차통역하기⑴-원문 한 문장 듣고 한국어로 통역하기

③ 순차통역하기⑵-전체 일본어 원문을 듣고 한국어로 통역하기

④ 전체 문장을 동시통역하기

13-5) 아래의 문장을 읽고 번역과 통역을 합시다.

いや、/うまくいくと/極楽へ入ることさえもできましょう。そうすれば、/もう針の山へ/追い上げられることもなくなれば、/血の池に/沈められる가라앉히다ことも/あるはずはございません。

こう思いましたから犍陀多は/早速その蜘蛛の糸を両手でしっかりとつかみながら、/一生懸命に上へ/上へと、/手繰りのぼり始めました。もとより大泥棒のことでございますから、/こういうことには昔から/慣れきっているのでございます。

しかし、/地獄と極楽との間は/何万里となくございますから、いくら焦って초조해하다みたところで/容易に上へは出られません。ややしばらく登るうちに、/とうとう犍陀多もくたびれて녹초가 되다、/もう一たぐりも上の方へは/登れなくなってしまいました。そこで/仕方がございませんから、/まず一休み/休むつもりで、/糸の中途にぶら下がりながら、/はるかに目の下を見下ろしました。

❖원문 읽기- / 표시된 부분 유의하며 읽기

❖단어 및 연어 설명

① 본문의 단어와 연어의 의미를 확인하면서 따라 읽기

下を見下ろす아래를 내려다보다

② 단어와 연어를 불러주면 보지 않고 한국어로 해당 일본어 단어와

연어의 의미 말하기

③ 한국어로 물으면 해당 일본어 단어를 말하기(쓰기)

❖번역하기 ①직역하기 ②의역하기

_____

_____

_____

_____

_____

❖통역하기

① 원문을 보면서 한국어로 번역해서 들려주기

② 순차통역하기(1)-원문 한 문장 듣고 한국어로 통역하기

③ 순차통역하기(2)-전체 일본어 원문을 듣고 한국어로 통역하기

④ 전체 문장을 동시통역하기

13-6) 아래의 문장을 읽고 번역과 통역을 합시다.

　すると、/一生懸命に登った甲斐^{かい}があって、/さっきまで自分がいた血の池は、/今ではもう/闇の底にいつの間にか隠れております。それから/あのぼんやり光っている恐ろしい針の山も/足の下になってしまいました。この分で登って行けば、/地獄から抜け出すのも/存外^{ぞんがい}わけがないかも知れません。犍陀多は両手^{りょうて}を蜘蛛の糸^{いと}に絡^{から}みながら/ここへ来てから何年にも出したことのない声で/「フフフ、しめた、しめた。」と笑いました。

　ところが、/ふと氣^{문득}がつきますと、/蜘蛛の糸の下の方には/数限^{かずかぎ}りもない罪人たちが/自分の登った後^{あと}をつけて、/まるで/蟻の行列^{あり ぎょうれつ}のように/やはり/上へ/上へ/一心^{いっしん}によじ登ってくるではございませんか。犍陀多はこれをみると/驚^{おどろ}いたのと恐^{おそ}ろしいのとで/しばらくはただ/バカのように大きな口を開いたまま/目ばかり動かしておりました。

❖ 원문 읽기- / 표시된 부분 유의하며 읽기

❖ 단어 및 연어 설명

① 본문의 단어와 연어의 의미를 확인하면서 따라 읽기

甲斐がある보람이 있다/ぼんやり光る희미하게 빛나다/後をつける뒤를 따르다

② 단어와 연어를 불러주면 보지 않고 한국어로 해당 일본어 단어와
연어의 의미 말하기

③ 한국어로 물으면 해당 일본어 단어를 말하기(쓰기)

❖ 문법 분석

① まるで/蟻の行列のように/やはり/上へ/上へ/一心によじ登ってくるで
はございませんか。"마치 개미 행렬처럼 역시 위로 위로 열심히 기
어올라 오는 게 아니온지요?"

❖번역하기 ①직역하기 ②의역하기

_____

_____

_____

_____

_____

❖통역하기

① 원문을 보면서 한국어로 번역해서 들려주기

② 순차통역하기(1)-원문 한 문장 듣고 한국어로 통역하기

③ 순차통역하기(2)-전체 일본어 원문을 듣고 한국어로 통역하기

④ 전체 장을 동시통역하기

13-7) 아래의 문장을 읽고 번역과 통역을 합시다.

　自分一人でさえ切れそうな/この細い蜘蛛の糸が/どうしてあれだけの人数の重みに堪えることができましょう。もし万一途中で切れたと致しましたら、/せっかく/ここへまで登ってきた/この肝心な自分までも、/もとの地獄へ/逆落としに落ちてしまわなければなりません。そんなことがあったら大変でござ

います。

　が、/そういううちにも/罪人たちは/何百<ruby>なんびゃく</ruby>となく/何千<ruby>なんぜん</ruby>となく/真っ暗な血の池の底から/ウヨウヨと/這上<ruby>はいあ</ruby>がって/細<ruby>ほそ</ruby>く/光っている/蜘蛛の糸を/一列<ruby>いちれつ</ruby>になりながら、/せっせと登ってまいります。今のうちにどうかしなければ、/糸は真ん中から二つに切れて/落ちてしまうのに違いありません。そこで犍陀多は大きな声を出して/「こら/罪人ども、/この蜘蛛の糸はおれのものだぞ。お前たちは一体<ruby>いったい</ruby>誰に聞いて登ってきた。下りろ、/下りろ。」と/わめきました。

❖원문 읽기- / 표시된 부분 유의하며 읽기

❖단어 및 연어 설명

① 본문의 단어와 연어의 의미를 확인하면서 따라 읽기

　　重みに堪える무게를 견디다/声を出す(목)소리를 내다

② 단어와 연어를 불러주면 보지 않고 한국어로 해당 일본어 단어와 연어의 의미 말하기

③ 한국어로 물으면 해당 일본어 단어를 말하기(쓰기)

① もとの地獄へ/逆落<ruby>さかお</ruby>としに落ちてしまわなければなりませんで落

ちてしまわなければなりませんは落ちてしまうに 의무 및 당연을

나타내는 なければなりませんの 결합한 것이다.

"원래의 지옥으로 거꾸로 떨어져 버리지 않으면 안 됩니다."

❖번역하기 ①직역하기 ②의역하기

_____

_____

_____

_____

_____

❖통역하기

① 원문을 보면서 한국어로 번역해서 들려주기

② 순차통역하기(1)-원문 한 문장 듣고 한국어로 통역하기

③ 순차통역하기(2)-전체 일본어 원문을 듣고 한국어로 통역하기

④ 전체 문장을 동시통역하기

13-8) 아래의 문장을 읽고 번역과 통역을 합시다.

　その途端でございます。今まで/何ともなかった蜘蛛の糸が/急に犍陀多のぶら下がっているところから/ぷつりと/音を立てて切れました。ですから、/犍陀多もたまりません。あっという間もなく風を切って/独楽のようにくるくる回りながら/見る見るうちに/闇の底へ/まっさかさまに落ちてしまいました。後にはただ/極楽の蜘蛛の糸が/キラキラと細く光りながら/月も/星もない空の中途に/短く垂れているばかりでございます。

　お釈迦様は/極楽の蓮池のふちに立って、/この/一部始終をじっと/みていらっしゃいましたが、/やがて犍陀多が地の池の底へ/石のように沈んでしまいますと/悲しそうな御顔をなさりながら、/またぶらぶらお歩きになり始めました。自分ばかり地獄から抜け出そうとする、/犍陀多の無慈悲な心が/そうしてその/心相当な罰を受けて/元の地獄へ落ちてしまったのが/お釈迦様の御目から見ると、/浅ましく/思し召されたのでございましょう。

❖ 원문 읽기- / 표시된 부분 유의하며 읽기

❖단어 및 연어 설명

① 본문의 단어와 연어의 의미를 확인하면서 따라 읽기

音を立てる소리를 내다/風を切る바람을 가르다/罰を受ける벌을 받다/地獄へ

落ちる지옥에 떨어지다

② 단어와 연어를 불러주면 보지 않고 한국어로 해당 일본어 단어와

연어의 의미 말하기

③ 한국어로 물으면 해당 일본어 단어를 말하기(쓰기)

❖번역하기 ①직역하기 ②의역하기

_____

_____

_____

_____

❖통역하기

① 원문을 보면서 한국어로 번역해서 들려주기

② 순차통역하기(1)-원문 한 문장 듣고 한국어로 통역하기

③ 순차통역하기(2)-전체 일본어 원문을 듣고 한국어로 통역하기

④ 전체 문장을 동시통역하기

13-9) 아래의 문장을 읽고 번역과 통역을 합시다.

しかし/極楽の蓮池の蓮は/少しもそんなことには頓着^{とんじゃく}いた
しません。その玉のような白い花は/お釈迦様のおみ足のまわ
りに/ユラユラうてなを動かして、/その真ん中にある金色^{こんじき}の蕊^{ずい}
からは/何とも言えないよい匂^{にお}いが/絶え間^まなくあたりへ溢れて
おります。極楽ももう/昼に近くなったのでございましょう。

❖원문 읽기- / 표시된 부분 유의하며 읽기

❖단어 및 연어 설명

① 본문의 단어와 연어의 의미를 확인하면서 따라 읽기

　　うてなを動かす^{꽃받침대를 움직이다}/絶え間なく^{끊임없이}

② 단어와 연어를 불러주면 보지 않고 한국어로 해당 일본어 단어와
　　연어의 의미 말하기

③ 한국어로 물으면 해당 일본어 단어를 말하기(쓰기)

❖ 번역하기 ①직역하기 ②의역하기

_____

_____

_____

_____

_____

❖ 통역하기

① 원문을 보면서 한국어로 번역해서 들려주기

② 순차통역하기(1)-원문 한 문장 듣고 한국어로 통역하기

③ 순차통역하기(2)-전체 일본어 원문을 듣고 한국어로 통역하기

④ 전체 문장을 동시통역하기